智慧沙

精華典藏版

【前言】 小故事溫暖心靈，大道理點醒人生

人生中離不開故事，生活中少不了故事，總有那麼多故事值得我們珍惜，讓我們的生命感動。

一把堅實的大鎖掛在大門上，一根鐵桿費了九牛二虎之力，還是無法將它撬開。鑰匙來了，它瘦小的身子鑽進鎖孔，只輕輕一轉，大鎖就「啪」地一聲打開了。鐵桿奇怪地問：「為什麼我費了那麼大力氣也打不開，而你卻輕而易舉地就把它打開了呢？」鑰匙說：「因為我最瞭解它的心。」

每個人的心，都像上了鎖的大門，任你是再粗的鐵棒也撬不開。唯有把自己變成一支細膩的鑰匙，進入別人的心中，瞭解別人。

說這則故事給你，就是想向你說明一分鐘的小故事比講一小時的「攻心為上」的大道理更重要。

所以，講一小時的大道理，不如讀一分鐘的小故事。

這是一本用故事來詮釋成功與幸福的書，書中擁有故事的答案，也許這些答案不是你要找的，但相信書中的小故事一定能溫暖你的心靈，書中的大道理也一定會點醒你的人生。

書中有這樣一個故事：

有一個自以為是的年輕人，畢業以後一直找不到理想的工作。他覺得自己懷才不遇，對社會感到非常失望。痛苦絕望之下，他來到大海邊，打算就此結束自己的生命。

這時，正好有一個老人從這裡走過。老人問他為什麼要走絕路，他說自己不能得到別人和社會的承認，沒有人欣賞並且重用他。

老人從腳下的沙灘上撿起一粒沙子，讓年輕人看了看，然後就隨便扔在地上，對年輕人說：

「請你把我剛才扔在地上的那粒沙子撿起來。」

「這根本不可能！」年輕人說。

老人沒有說話，接著又從自己的口袋裡掏出一顆晶瑩剔透的珍珠，也隨便扔在地上，然後對年輕人說：「你能不能把這顆珍珠撿起來呢？」

「當然可以！」

這個小故事闡釋了一個人生的大道理，那就是：要使自己卓然出眾，就必須先使自己成為一顆珍珠。

書中這些智慧雋永的故事和深入淺出的道理就像年輕人手中的沙子，如果我們現在能有意識的收集一些，哪怕是每天一粒，那我們總有一天能聚沙成塔，獲得一個燦爛輝煌的人生。

就讓我們帶著「智慧沙」上路吧！

目錄

第一卷　事業有成

成功好比一架梯子，機會是梯子兩側的長柱，能力是插在兩根長柱之間的橫木。只有長柱沒有橫木，梯子就沒有用處。

世界上的事沒有絕對的成功，只有不斷的進取。

01 你為什麼是窮人

你不理財，財不理你。

──《理財週刊》的一句口號

假如寶貝放錯了地方

山裡人有一尊巨大的石像，石像面朝下躺在門前的泥地裡。對山裡人來說，它只不過是一塊石頭。

一天，一個城裡的學者經過這裡。他看到了石像，便問山裡人能不能把石像賣給他。山裡人聽了哈哈大笑，說：「你居然要買這塊又髒又臭的石頭，我一直為沒法搬開它而苦惱呢！」

「那我用一個銀元買走它。」學者說。山裡人很高興，因為這不但使自己得到了一個銀元，而且也讓門前的場地寬敞了許多。

石像被學者設法運到了城裡。幾個月後，那個山裡人進城在大街上閒逛。他看見一間富麗堂皇的屋子前面圍著一大群人，其中有個人在高聲叫著：「快來看呀，來欣賞世界上最精美、最奇妙的雕像，只要兩個銀元就夠了，這可是世界上最頂尖的作品！」

於是，山裡人付了兩個銀元走進屋子，也想要一睹為快。事實上，山裡人所看到的正是他用

一個銀元賣掉的那尊石像，可是他已無法認出這塊曾經屬於自己的石頭了。

修築你賺錢的管道

有個小村莊嚴重缺水，為了從根本上解決這個問題，村長決定對外簽訂一份送水合約，以使家家每天都有水喝。張三和李四接受了這份工作。

張三立刻行動起來，他買了兩個大木桶，每日奔波於一公里以外的湖泊和村莊之間，從湖中打水並運回村莊。由於起早貪黑地工作，張三很快就賺到了錢。雖然工作很辛苦，但他心裡很高興。

李四沒有像張三那樣買木桶，而是做了一份詳細的商業計畫。幾個星期後，李四帶著一個施工隊和一筆投資回到了村莊，花了一年的時間，李四的施工隊修建了一條從湖泊到村莊、大容量的輸水管道。

在竣工典禮上，李四宣佈他的水比張三的水乾淨，他能夠每天二十四小時從不間斷地為村民

提供用水，同時價格比張三低一半。聽到這個消息，村民們都歡呼雀躍奔相走告，立即要求從李四的管道上接水龍頭。

李四的想法繼續在擴大。他想，其他有類似環境的村莊也一定需要水，於是他開始向周圍的村莊推銷他快速、大容量、低成本並且衛生的送水系統。這樣一來，雖然李四每送出一桶水只賺一毛錢，但他每天能送出幾十萬桶水。無論他是否工作，幾十萬人都要消耗這幾十萬桶水，而所有的這些錢都流入了李四的銀行帳戶中。

智慧沙：

真正的富翁不只是工作，更要考慮如何更聰明、更有效率地工作，如何建立自己賺錢的供水系統，如何修築賺錢的管道——即使自己不工作，也可以讓錢源源不斷地流進自己的口袋。

你為什麼是窮人

一個乞丐懶洋洋地斜躺在地上，在他面前放著一個破碗，旁邊還放著一根討飯棍。每天都有很多人在他跟前經過，有的人見他很可憐，就在他的破碗裡丟幾個硬幣。

有一天，在這個乞丐的面前出現了一位穿戴非常整齊的年輕律師，這位律師對他說：「先生您好，您的一個遠房親戚不幸去世了，留下了三千萬美元的遺產，根據我們的調查，您是這筆遺

產的唯一繼承人，所以請您在這份文件上簽個字，這筆遺產就屬於您的了。」一瞬間，這個人從一無所有的乞丐變成了富翁。

有個記者採訪他：「您得到這筆三千萬的遺產後，最想要做的是什麼事呢？」

這個人回答說：「我首先要買一個像樣一點的碗，再去買一根漂亮的棍子，這樣我就可以有模有樣地討飯了。」

智慧沙：

想要成為富翁，你就要相信自己一定可以成功致富，並像富翁那樣去思考和行動。如果在你的內心深處，仍認為自己是一個窮人，那你永遠也不可能成為富翁。

窮人與富人的區別

一個富人見一個窮人很可憐，發善心願意幫他致富。富人送給窮人一頭牛，囑咐他好好開荒，等春天來了撒上種子，秋天就可以遠離貧窮了。

窮人滿懷希望開始開荒，可是沒過幾天，牛要吃草，人要吃飯，日子比過去還難，窮人就想：不如把牛賣了，買幾隻羊，先殺一隻吃，剩下的還可以生小羊，長大了拿去賣，可以賺更多的錢。

窮人的計畫付諸了行動，只是當他吃了一隻羊之後，小羊遲遲沒有生下來，日子又艱難了，他忍不住又吃了一隻。窮人想：這樣下去還得了，不如把羊賣了，改買雞，雞生蛋的速度要快一些，雞蛋立刻可以賺錢，日子立刻可以好轉。

窮人的計畫又付諸了行動，但是日子並沒有改變，又艱難了，他又忍不住殺雞，終於殺到只剩一隻雞時，窮人的理想徹底崩潰了。窮人想致富是無望了，還不如把雞賣了，打一壺酒，三杯下肚，萬事不愁。

很快春天來了，發善心的富人興致勃勃地來送種子，赫然發現，窮人正配著小菜喝酒，牛早就沒有了，窮人依然一貧如洗。

智慧沙：

很多人都有過像窮人一樣的夢想，但要堅持到底卻很難。窮人總是逃避困難，富人總能想到解決問題的方法。成功者找方法，失敗者找藉口。這恐怕就是窮人與富人的區別吧。

有錢沒錢是一樣的

一個視錢如命的守財奴，把黃金藏在後院的一棵樹下，每週挖起來一次，對著黃金看上幾個小時。一天，竊賊把黃金挖走了，守財奴再來看時，只見一個洞，黃金全沒了。他放聲哀號，鄰

居都跑來看個究竟，其中一人問道：「那些金子你用了多少？」

「一點都沒用，我只是每週來看它一次。」守財奴哭的聲音更大了。

「黃金對你的作用既然是如此，以後每週你乾脆來看這個洞吧！效果還不是一樣？」

智慧沙：

是貧是富，其實不在於金錢的多少，而在於是否有智慧利用它。如果不曉得利用，有錢沒錢是一樣的，沒有什麼區別。

02 心有多大，舞台就有多大

這個世界既不是有錢人的世界，也不是有權人的世界，它是有心人的世界。

—— 一位培育過數位院士的中學老教師，對他即將讀大學的兒子說

五年後的生活是什麼樣子

一九七六年的冬天，十九歲的邁克爾在休斯頓一家實驗室裡工作，他希望自己將來能從事音樂創作。但寫歌詞不是邁克爾的專長，他找到善寫歌詞的凡內芮一起創作。

凡內芮瞭解到邁克爾對音樂的執著以及目前不知從何入手的迷茫，她決定幫助他實現夢想。

她問邁克爾：「想像你五年後的生活是什麼樣子？」

邁克爾沉思了幾分鐘告訴她：「第一，我希望能有一張很受歡迎的唱片在市場上。第二，我能住在一個很有音樂氛圍的地方，能天天與世界一流的樂師一起工作。」

凡內芮接著他的話說：「我們現在把這個目標倒算回來。如果第五年，你有一張唱片在市場上，那麼第四年你一定要有一個完整的作品，可以拿給很多唱片公司聽。」

「第三年你一定要有一個完整的作品，可以拿給很多唱片公司聽。」

「第二年你一定要有很棒的作品開始錄音了。」

「第一年你一定要把你所有要準備錄音的作品全部編曲，排練好。」

「第六個月你就要把那些沒有完成的作品修改好，然後讓自己可以逐一篩選。」

「第一個月你就要把目前這幾首曲子完工。」

「現在的第一個禮拜你就要先列出一張清單，排出哪些曲子需要修改，哪些需要完工。」

「好了，現在我們不就已經知道你下個星期一要做什麼了嗎？」凡內芮一口氣說完。

「你說你五年後，要生活在一個很有音樂氛圍的地方，然後與一流的樂師一起工作，對嗎？」

她補充說，「如果，第五年你已經與這些人一起工作，那麼第四年你應該有自己的一間工作室或錄音室。第三年，你可能得先跟這個圈子裡的人在一起工作。第二年，你應該搬到紐約或是洛杉磯去住了。」

凡內芮的五年規劃讓邁克爾很受益。次年（一九七七年）他便辭掉了令人羨慕的工作，離開了休斯頓，搬到洛杉磯。大約在第六個年頭的一九八三年，一位當紅歌手誕生了──邁克爾的唱片專輯在北美年暢銷幾千萬張，他一天二十四小時都與頂尖的音樂高手在一起工作。

智慧沙：

五年後你「最希望」看到自己是什麼樣子？在你的生命中，上帝已經把所有的選擇權都交在你手上了。五年後的結果取決於五年前的選擇。

如果我有一百萬美元

一位年輕人在大學讀書，有一天他向校長提出了改進大學教育制度弊端的若干建議。他的意見沒被接受，於是他決定自己辦一所大學，自己當校長來消除這些弊端。

辦學校至少需要一百萬美元。上哪兒找這麼多錢呢？等畢業後再掙，那太遙遠了。於是，他每天都在寢室內苦思冥想如何能有一百萬美元。同學們都認為他有神經病，但他不以為然，堅信自己可以籌到這筆錢。

終於有一天，他想到了一個辦法。他打電話到報社說，他準備明天舉行一個演講會，題目叫「如果我有一百萬美元」。第二天的演講吸引了許多商界人士。面對台下諸多成功人士，他在台上全心全意、發自內心地說出了自己的構想。

演講完畢，一個叫菲力浦‧亞默的商人站了起來，說：「小夥子，你講得非常好。我決定投資一百萬，就照你說的辦。」

就這樣，年輕人用這筆錢辦了亞默理工學院，也就是現在著名的伊利諾理工學院的前身。而這個年輕人就是後來備受人們愛戴的哲學家、教育家岡索勒斯。

極限就是自己給自己畫的一條線

一個漁翁在河邊釣魚，看樣子他的運氣還不錯，只見銀光一閃，一會兒就釣上來一條。但奇怪的是，每逢釣到大魚，漁翁就會把牠們放到水中，只有小魚才放到魚簍裡。在旁邊觀看他垂釣良久的人迷惑不解，問道：「你為什麼要放掉大魚，而留下小魚呢？」

漁翁回答說：「我也是出於無奈啊，我只有一個小鍋，怎麼能煮得下大魚呢？」

智慧沙：

所謂極限，就是自己給自己畫的一條線。目標並不等於結果，但結果的達成一定取決於目標的設立。

智慧沙：

無論做什麼事，付諸行動尤為重要。如果說敢想就成功了一半，那麼另一半就是去做。想別人不敢想的，做你自己想要做的。敢想敢做，上帝都會幫助你。

想要什麼就得到什麼

雨後，一隻蜘蛛艱難地向牆上已經支離破碎的網爬去，由於牆壁潮濕，牠爬到一定的高度就會掉下來，牠一次次地向上爬，一次次地又掉下來……

第一個人看到了，他說：「這隻蜘蛛真愚蠢，牠從旁邊乾燥的地方繞一下就能爬上去，我以後可不能像牠那樣愚蠢。」於是，他變得聰明起來。

第二個人看到了，他立刻被蜘蛛屢敗屢戰的精神感動了，並從中得到啟示，於是，他變得堅強起來。

第三個人看到了，嘆了一口氣，自言自語：「我的一生不正如這隻蜘蛛嗎，忙忙碌碌而無所得。」於是，他日漸消沉。

剪斷心中的那根臍帶

有一個登山者，一心一意想要登上世界第一高峰。在經過多年的準備之後，終於開始了他的旅程。但是，由於他希望完全由自己獨得全部的榮耀，所以他決定獨自出發。

他開始向上攀爬。天色已經很晚了，他非但沒有停下來準備帳篷露營，反而繼續向上攀登，直到四周變得非常黑暗，他什麼都看不見。

即使這樣，他還是繼續向上攀爬。就在離山頂只剩下幾公尺的地方，他滑倒了，並且迅速地跌了下去。跌落的過程中，他僅僅能看見一些黑色的陰影，僅僅能感受到一種被地心引力吸住而快速下墜的恐怖。

就在這種極其恐怖的時刻，他的一生，不論好與壞，都一幕幕地呈現在腦海中。當他一心一意地想著，死亡正快速地接近自己的時候，突然間，他感到繫在腰間的繩子，重重地拉住了他。他整個人被吊在半空中，而那根繩子是唯一拉住他的東西。

在這種上不著天，下不著地，求助無門的境況中，他毫無辦法，只好大聲呼叫：「上帝啊！快來救救我！」

「上帝！快來救救我！」

突然間，從天上傳來了低沉的聲音：「你要我做什麼？」

「你真的相信我可以救你嗎？」

「我當然相信！」

「那就割斷繫在你腰間的繩子。」

在短暫的寂靜之後，登山者決定繼續全力抓住那根救命的繩子。

第二天，搜救隊找到了登山者的遺體──已經凍得很僵硬，他的屍體掛在一根繩子上，他的手也緊緊地抓著那根繩子──在距離地面僅僅一公尺的地方。

智慧沙：

人生中，權力、金錢、名聲猶如一條條鎖鏈，左右著人的思想和行為。其實如果越過雷池，更有無限風光。只有把心中的那根臍帶剪斷，新生命才會真正地誕生。

找到一個合適的舞台

在動物園裡的小駱駝問媽媽：「媽媽，媽媽，為什麼我們的睫毛那麼長？」

駱駝媽媽說：「當風沙來的時候，長長的睫毛可以讓我們在風暴中都能看得到方向。」

小駱駝又問：「媽媽，媽媽，為什麼我們的背那麼駝，醜死了！」

駱駝媽媽說：「這個叫駝峰，可以幫我們儲存所需的養分，讓我們能在沙漠中耐受十幾天無水無食的條件。」

小駱駝又問：「媽媽，媽媽，為什麼我們的腳掌那麼厚？」

駱駝媽媽說：「那可以讓我們重重的身子不至於陷在軟軟的沙子裡，便於長途跋涉啊。」

小駱駝高興極了：「嘩，原來我們這麼有用啊！可是媽媽，為什麼我們還在動物園裡，不去沙漠遠足呢？」

> 智慧沙：
> 天生我才必有用，只是我們不去用。每個人的潛能都是無限的，關鍵是要找到一個能充分發揮潛能的舞台。

還是原來的模樣

準備換腦袋的兩個人——一個體弱的富翁，一個健康的窮漢，兩人相互羨慕著對方。富翁為了得到健康，樂意出讓他的財富；窮漢為了成為富翁，願意捨棄他的健康。

一位聞名世界的外科醫生發現了人腦的交換方法。富翁趕緊提出要和窮漢交換腦袋。其結果，富翁會變窮，但能得到健康的身體；窮漢會富有，但將病魔纏身。

手術成功了。窮漢成為富翁，富翁變成了窮漢。

但不久，成了窮漢的富翁由於有了強健的體魄，又有著成功的意識，漸漸地又累積了財富。

可同時，他總是擔憂著自己的健康，一感到些微的不舒服便大驚小怪。由於他總是那樣擔驚受怕，久而久之，他又回到了以前那種富有而體弱的狀況中。

那麼，另一位新富翁又怎麼樣呢？雖然身體屢弱，但他總算有了錢。然而，他總是忘不了自己是個窮漢，有著失敗的意識。他不想用換腦得來的錢建立一種新生活，於是不斷地把錢浪費在無用的投資裡，應了「老鼠不留隔夜食」這句老話。錢不久便揮霍殆盡，他又變成了原來的窮漢。不過，由於他無憂無慮，換腦時帶來的疾病也不知不覺地消失了。他又像以前那樣有了一副健康的身子骨。

最後，兩人都回到了原來的模樣。

智慧沙：
不管外在的力量有多麼強大，人內心中的自己還是很難發生本質變化的。可以說，習慣決定了命運。

03 細節決定成敗

不放過任何細節。

——經營大師松下幸之助

把沿途的標誌畫下來

一九八四年，在東京國際馬拉松邀請賽中，名不見經傳的日本選手山田本一出人意外地奪得了世界冠軍。當記者問他憑什麼取得如此驚人的成績時，他說了這麼一句話：「憑智慧戰勝對手。」

當時許多人都認為這個偶然跑到前面的矮個子選手是在故弄玄虛。馬拉松比賽是一項體力和耐力較量的運動，只要身體素質好又有耐性就有望奪冠，爆發力和速度都還在其次，說「用智慧取勝」確實有點勉強。

兩年後，義大利國際馬拉松邀請賽在義大利北部城市米蘭舉行，山田本一代表日本參加比賽。這一次，他又獲得了世界冠軍。記者又請他談經驗。

山田本一生性木訥，不善言談，他回答的仍是上次那句話：「憑智慧戰勝對手。」這回記者在報紙上沒再挖苦他，但對他所謂的智慧迷惑不解。

十年後，這個謎終於被解開了，山田本一在自傳中這樣寫道：

每次比賽之前，我都要乘車把比賽的路線仔細看一遍，並把沿途比較醒目的標誌畫下來，比如第一個標誌是銀行；第二個標誌是一棵大樹；第三個標誌是一座紅房子……這樣一直畫到賽程的終點。

比賽開始後，我就以百米的速度奮力地衝向第一個目標，等到達第一個目標後，我又以同樣的速度衝向第二個目標。四十多公里的賽程就這樣被我分解成幾個小目標輕鬆地跑完了。

起初，我並沒有找到這個方法，當我把目標定在四十多公里外終點線的那面旗幟上時，我跑到十幾公里時就疲憊不堪了，我已經被前面那段遙遠的路程給嚇倒了。

智慧沙：

有時我們失敗不是因為放棄，而是因為倦怠。在成功的旅途中，如果將自己的大目標變成小目標去分段完成，成功彼岸就會輕鬆抵達。

不帶一點怒氣作戰

歐瑪爾是英國歷史上唯一留名至今的劍手。他與一個和自己勢均力敵的敵手鬥了三十年，仍不分勝負。

在一次決鬥中，敵手從馬上摔下來，歐瑪爾持劍跳到他身上，一秒鐘內就可以殺死他。但敵手這時做了一件事——向他臉上吐了一口唾沫。歐瑪爾停住了，對敵手說：「我們明天再打。」敵手糊塗了。

歐瑪爾說：「三十年來我一直在修練自己，讓自己不帶一點怒氣作戰，所以我才能常勝不敗。剛才你吐我口水的瞬間，我動了怒氣，這時殺死你，我就再也找不到勝利的感覺了。所以，我們只能明天重新開始。」

這場爭鬥永遠也不會開始了，因為那個敵手從此變成了他的學生，他也想學會不帶一點怒氣去作戰。

> **智慧沙：**
>
> 情緒不能自控一旦成了習慣，就會使人精神錯亂，還談什麼取勝之道。一流的劍術通常是心態的修練。因為，心態的修練要難於劍術的修練。

成功從脫鞋開始

四十年前，前蘇聯宇航員加加林乘坐「東方」號太空船進入太空遨遊了一〇八分鐘，成為世界上第一位進入太空的宇航員。加加林能在二十多名宇航員中脫穎而出，起決定作用的是一個偶

然事件。

原來，在確定人選前一個星期，主設計師羅廖夫發現：在進入飛船前，只有加加林一人脫下鞋子，只穿襪子進入座艙。就是因為這個細節，加加林一下子贏得了主設計師的好感。羅廖夫感到這個二十七歲的青年如此懂得規矩，又如此珍愛自己為之傾注心血的飛船，於是他決定讓加加林執行這次飛行。

最要緊的是膽大心細

有位醫學院的教授，在上課的第一天對他的學生說：「當醫生，最要緊的就是膽大心細！」

說完，他便將一隻手指伸進桌上的一杯尿液裡，再把手指放進自己的嘴中，接著又將那杯尿液遞給學生。

看著每個學生都忍著嘔吐，照樣把探入尿杯的手指塞進嘴裡，教授笑嘻嘻地說：「不錯，你們每個人都夠膽大，只可惜不夠心細，沒有注意我探入尿杯的是食指，放進嘴裡的卻是中指

「啊！」

智慧沙：
一個細節的疏忽可能導致你在競爭中失敗。要想完成天下大事，必須注意細枝末節。細節見證品質，細節決定成敗。

從財產中先選擇一項

有個富翁得了重病，已經無藥可救，而他的獨生子此刻卻遠在異鄉。他知道自己死期將近，但又害怕貪婪的僕人侵占財產，便立下一份令人不解的遺囑：「我的兒子僅可從財產中先選擇一項，其餘的皆送給我的僕人。」富翁死後，僕人便歡歡喜喜地拿著遺囑去尋找主人的兒子。

富翁的兒子看完了遺囑，想了想，就對僕人說：「我決定選擇一樣，就是你。」聰明的兒子立刻得到了父親所有的財產。

智慧沙：
射人先射馬，擒賊先擒王。把握住成功的關鍵，就會收到事半功倍的效果。在做任何事情之前，先想一想事情的原委，你就可以清醒的行動了。

完美藏於細節

有一次，友人拜訪米開朗基羅，看見他正為一個雕像做最後的修飾。然而過了一段日子，友人再度拜訪，仍看見他在修飾那尊雕像。

友人責備他說：「我看你的工作一點進展都沒有，你動作太慢了。」

米開朗基羅說：「我花許多時間在整修雕像，例如，讓眼睛更有神，膚色更美麗，某部分肌肉更有力等等。」

友人說：「這些都只是一些小細節啊！」

米開朗基羅說：「不錯！這些都是小細節，不過把所有的小細節都處理妥當，雕像就變得完美了！」

智慧沙：

人們追求完美，因為完美的人、事、物少之又少，於是就去創造完美，而完美在哪裡呢？它藏於細節。愈是追求完美的人愈是在意細節。細節，不容忽視！

且慢下手

公司調來了一位新主管，據說是個能人，專門被派來整頓業務，大多數的同仁都很興奮。可是日子一天天過去了，新主管卻毫無作為，每天只是彬彬有禮地進入辦公室，然後就躲在裡面難得出門，使得那些本來緊張得要死的壞分子愈來愈猖獗。

「他哪裡是個能人嘛！根本是個老好人，比以前的主管更容易唬！」

四個月過去了，就在真正努力工作的人對新主管感到失望時，新主管卻發威了──壞分子一律開革，真正努力工作的人則獲得晉升。下手之快，斷事之準，與四個月來表現保守的他，簡直像是換了個人。

年終聚餐時，新主管在酒過三巡之後致詞：

「相信大家對我新到任期間的表現，和後來的大刀闊斧，一定感到不解，現在聽我說個故事，各位就明白了：

我有位朋友，買了棟帶著大院的房子，他一搬進去，就將那院子全面整頓，雜草樹木一律清除，改種自己新買的花卉。某日原先的屋主來訪，進門大吃一驚地問：『那最名貴的牡丹跑到哪裡去了？』我這位朋友才發現，他竟然把牡丹當草給鏟了。

後來他又買了一棟房子，雖然院子更雜亂，但他卻按兵不動，果然冬天以為是雜樹的植物，春天裡開了繁花；春天以為是野草的植物，夏天裡成了錦簇；半年都沒有動靜的小樹，秋天居

然紅了葉。直到暮秋，他才真正認清哪些是無用的植物而大力剷除，並使所有珍貴的草木得以保存。」

說到這兒，主管舉起杯來：「讓我敬在座的每一位，因為這間辦公室如果是個花園，你們就都是其間的珍木，珍木不可能一年到頭開花結果，只有經過長期的觀察才認得出啊！」

智慧沙：

且慢下手。珍木不可能一年到頭開花結果，只有經過長期的觀察才認得出；人的心靈也不可能在一兩天就呈現出來，要用時間去驗證你的猜度，而不是用你的感情。

成敗五塊錢

五十多年前，一個中國青年隨著「闖南洋」的大軍來到馬來西亞，當他站在這片土地上時，口袋只剩下五塊錢。

為了生存，他在這片土地上為橡膠園主割過橡膠，採過香蕉，為小飯店端過盤子……誰也不會想到，就是這樣一個年輕人，五十年後，成了馬來西亞的一位億萬富翁。

很多人試圖找到他成功的祕密所在，但他們發現，他所擁有的機會跟大家都是一樣的，唯一的區別可能是：他敢於冒險。他可以在賺到十萬元的時候，把這十萬元全部投入新的行業當中。

這在那個動盪的投資環境中，一般人是很難做到的。他就是馬來西亞巨亨謝英福，他的創業史被馬來西亞人津津樂道。

馬來西亞首相馬哈蒂爾也熟知他。當時，馬來西亞有一家國營鋼鐵廠經營不善，虧損高達一·五億元。首相找到他，請他擔任公司總裁，並設法挽救該工廠。

他爽快地答應了。在別人看來，這是一個錯誤的決定，因為鋼鐵廠積重難返，生產設備落後，員工凝聚力渙散。這是一個巨大的黑洞，無法用金錢填平。

謝英福卻坦然面對媒體，說：「當年來到馬來西亞時，我口袋只有五塊錢，這個國家令我成功，現在是我報效國家的時候。如果我失敗了，那就等於損失了五塊錢。」

年近六旬的他從豪華的別墅裡搬出來，來到了鋼鐵廠，在一個簡陋的宿舍辦公，他象徵性的工資是馬來西亞幣一元。他又成功了，贏得讓人心服口服。三年過去了，企業轉虧為盈，盈利達一·三億港元，而他也成為東南亞鋼鐵巨頭。

謝英福面對成功，笑著說：「我只是撿回了我的五塊錢。」

智慧沙：

當一個商人無視金錢得失，以德回報社會時，初看是愚蠢，其實是大智大勇大善，最終必成大家。

一枚金幣的推銷術

法國一個城市的偏僻小巷被人們擠得水洩不通，只見一位五十多歲的男子拿出一瓶強力膠水及一枚金幣，然後在金幣的背後輕輕塗上一層薄薄的膠水，再貼到牆上。不久，一個接一個的人都來碰運氣，看誰能揭下牆上那枚價值五千法郎的金幣。

小巷裡的人來來往往，最終沒有人能拿下那枚金幣，金幣牢牢地粘在牆上。

原來，那男子是個老闆，由於他的商店位置偏僻，生意不好，他便想出了一個奇妙的廣告辦法：用出售的膠水把一枚價值五千法郎的金幣粘在牆上，誰揭下，那枚金幣就歸誰。

那天，沒有人拿下那枚金幣，但是，大家都認識了一種強力膠水。從此，那家商店的膠水供不應求。

智慧沙：
一個好點子可以拯救一個企業，這就是創意和策劃的價值。

一加一可以大於二

一個猶太人如此教導兒子：「我們唯一的財富就是智慧，當別人說一加一等於二時，你就應

038

該想到大於二。」

一九七四年，美國政府為了清理給自由女神像翻新而產生的大堆廢料，向社會廣泛招標。但好幾個月過去了，沒有人應標，因為在紐約州，垃圾處理有嚴格規定，弄不好會受到環保組織的起訴。

猶太人的兒子當時正在法國旅行，聽到這個消息，立即終止了休假，飛往紐約。看過自由女神像下堆積如山的銅塊、螺絲和木料後，他一言不發，立即與政府部門簽下了協定。

消息傳開後，紐約的許多運輸公司都在偷笑，他的許多同僚也認為廢料回收吃力不討好，能回收的資源價值也有限，這一舉動實乃愚蠢之極。

當這些人在看笑話的時候，他已經開始召集工人對廢料進行分類。他讓人把廢銅熔化，鑄成小自由女神像，舊木料則加工成底座，廢銅、廢鋁的邊角料則做成紐約廣場的鑰匙，他甚至把從女神像身上掃下來的灰塵都包裝起來，出售給花店。

這些廢銅、邊角料、灰塵都以高出它們原來價值的數倍乃至數十倍賣出，且供不應求。不到三個月時間，他已讓這堆廢料變成了三百五十萬美元，每磅銅的價格整整翻了一萬倍。

智慧沙：

商業化的社會永無等式可言，當你抱怨生意難做時，也許有人正在因點鈔票而累得氣喘吁吁呢。這裡面的奧妙在於：你認為一加一等於二，而他則堅持一加一大於二。

04 管好你的嘴

一、力圖說真話；二、不能說真話，則保持沉默；三、無權保持沉默而不得不說假話時，不應傷害他人。

——錢理群關於「說話的三條底線」

體諒他人

妻子正在廚房炒菜。丈夫在她旁邊一直嘮叨不停：「慢些。小心！火太大了。趕快把魚翻過來。快鏟出來，油放太多了！把豆腐整平一點。哎唷，鍋子歪了！」

「請你住口！」妻子脫口而出：「我知道怎麼炒菜！」

「妳當然懂，太太。」丈夫平靜地答道：「我只是要讓妳知道，我在開車時，妳在旁邊喋喋不休，我的感覺如何！」

智慧沙：

學會體諒他人並不難，只要你願意給別人一點機會——認真地站在對方的角度上看問題，多為別人考慮一點。

用三個篩子篩一下

有個人急急忙忙地跑到一位哲人那兒，說：「我有個消息要告訴你⋯⋯」

「等・等，」哲人打斷了他的話，「你要告訴我的消息，用三個篩子篩過了嗎？」

「三個篩子？哪三個篩子？」那人不解地問。

「第一個篩子叫真實。你要告訴我的消息，確實是真的嗎？」

「不知道，我是從街上聽來的。」

「現在再用第二個篩子審查吧。」哲人接著說：「你要告訴我的消息就算不是真實的，也應該是善意的吧。」

那人躊躇地回答：「不，剛好相反。」

哲人再次打斷他的話：「那麼我們再用第三個篩子，請問，使你如此激動的消息很重要嗎？」

「並不怎麼重要。」那人不好意思地回答。

哲人說：「既然你要告訴我的事，既不真實，也非善意，更不重要，那麼就請你別說了吧！這樣的話，它就不會困擾你和我了。」

你能保密嗎

羅斯福當海軍助理部長時，有一天一位好友來訪。談話間，朋友問及海軍在加勒比海某島建立基地的事。

「我只要你告訴我，」他的朋友說：「我所聽到的有關基地的傳聞是否確有其事。」

這位朋友要打聽的事在當時是不便公開的，但是好朋友相求，該如何拒絕才好呢？只見羅斯福壓低嗓子向朋友問道：「你能對不便外傳的事情保密嗎？」

「能。」好友急切地回答。

「那麼，」羅斯福微笑著說：「我也能。」

智慧沙：

平時急著告訴別人事情之前，不妨也先用「真實、善意、重要」這三個篩子篩一下。生活中，很多話其實根本不必說，也不用說。當你管好了自己的嘴，你也能管好自己的生活。

智慧沙：

在任何時候，你都不能指望別人就某事守口如瓶。你可以對好朋友說，他也會同樣地對他的好朋友說，唯一的解決辦法就是「打死我也不說」。

不失信於人

一個商人臨死前告誡自己的兒子：「你如果想把生意成功做大，一定要記住兩點：守信和聰明。」

「什麼叫守信呢？」焦急的兒子問道。

「如果你跟別人簽約，簽字後你才發現你將因這份合約而傾家蕩產，那麼你也得照約履行。」

「那什麼叫聰明呢？」

「不要簽這份合約！」

智慧沙：

謹慎對待你的諾言——既然許下諾言，無論刀山火海都不能反悔，你不能言而無信。不要輕易向人承諾——絕不輕易向人許諾你可能辦不到的事，這是不失信於人的最好方法。

寬容和讚賞的力量

一位參加美國公共關係卡內基訓練班的學員，把寬容的原理運用到自己的家庭，使得家庭關係十分融洽。

一天，妻子請他講出自己的六條缺點，以便成為更好的妻子。這位學員想了想說：「讓我想一想，明天早晨再告訴妳。」

第二天一大早，學員來到鮮花店，請花店送六朵玫瑰給妻子，並附上一張紙條：「我實在想不出妳需要改變的六個缺點，我就愛妳現在這個樣子。」

當這位學員晚上回到家時，妻子站在門口迎接他，她感動得幾乎要流淚。從此，他認識到寬容和讚賞的力量。

智慧沙：

當你寬恕別人的時候，你就不會感到自己和別人站在敵對的位置。你寬恕別人，別人才有可能會原諒你，這是千古不變的道理。

給予他人讚美吧

有間理髮室，裡面有兩個師傅負責設計髮型，一個小學徒專門洗頭。老實說，很多人都同情那個瘦小的學徒，看得出她很想學髮型設計，但由於工作繁雜，加上兩位師傅態度冷淡，她只能默默地在肥皂泡沫中消磨她可憐的青春。

有一天，機會來了。新年前的一個月，兩個師傅要求加薪不遂，一起辭職，一時請不到人，

老闆除了親自上陣外，還給小學徒進行「速成訓練」，另外再請個小工負責洗頭。

來理髮的人把這一切看在眼裡，一日，踏入店內，特地指定小學徒來吹頭髮，小學徒受寵若驚，拿著吹風機的手在微微發抖。吹理一個小時後，來理髮的人朝鏡子一望，哎呀，那髮型硬邦邦的，好似戴了一頂不合時宜的帽子，但是瞥見小學徒侍立一旁，眼巴巴地望著他，於是來理髮的人露了個笑容，說：「梳得真不錯呀，謝謝妳！」

這個「善意的謊言」給這位少女帶來了自信心。再去時，來理髮的人依然指定由她吹理，小學徒臉上有笑，雙手不抖，吹理梳弄，極有韻致。照向鏡子時，來理髮的人不由得真心誠意地說道：「妳吹得實在很好哩！」

小學徒臉若鮮花，燦然生輝。

智慧沙：

雖然只有一句話，可在被讚美者的心裡卻是一種很大的力量，他會重新鼓起自己生活的勇氣，他會因這句讚美之詞而變得更加自信、完美和堅強。給予他人讚美吧，雖然這是多麼的微不足道！

你要支付雙倍學費

有一個年輕人向大哲學家蘇格拉底請教演講術。為了表示自己有好口才，他滔滔不絕地講了許多話。

最後，蘇格拉底要他繳納雙倍的學費。

那年輕人驚詫地問道：「為什麼要我加倍呢？」

蘇格拉底說：「因為我得教你兩樣功課，一是怎樣閉嘴，另外才是怎樣演講。」

智慧沙：

對這種似懂非懂，對演講技巧一竅不通而又自作聰明的人來說，教起來只會更費勁。成功的演講家，應該是有張有合的。該講的講，不該講的則不講；該點的則點，點到即止，恰到好處。

保護別人的積極性

有一位表演大師上場前，他的弟子告訴他鞋帶鬆了。大師點頭致謝，蹲下來仔細繫好。等到弟子轉身後，又蹲下來將鞋帶鬆開。

有個旁觀者看到了這一切，不解地問：「大師，您為什麼又要將鞋帶鬆開呢？」

大師回答道：「因為我飾演的是一位勞累的旅者，長途跋涉讓他的鞋帶鬆開，可以通過這個細節表現他的勞累憔悴。」

「那您為什麼不直接告訴您的弟子呢？」

「他能細心地發現我的鞋帶鬆了，並且熱心地告訴我，我一定要保護他這種關注細節的積極性，及時給他鼓勵，至於為什麼要將鞋帶解開，將來會有更多的機會教他表演，可以下一次再說啊。」

智慧沙：

你可以不採納別人的建議，但你不能拒絕別人對你的真誠。也許別人的忠告是錯誤的，但為了鼓勵他的熱情，你還是要給予部分的肯定。

有理不在聲高

在一家餐館裡，一位顧客粗聲大氣地嚷著：「小姐！妳過來！妳過來！」他指著面前的杯子，滿臉怒氣地說：「看看！你們的牛奶是劣質的吧，妳看！都把這杯紅茶給糟蹋了！」

「真對不起！」服務小姐笑道：「我立刻給您換一杯。」

新紅茶很快端來了。茶杯跟前仍放著新鮮的檸檬和牛奶。小姐把紅茶輕輕放在顧客的面前，又輕聲地說：「我是不是能向您建議，如果在茶裡放檸檬，就不要加牛奶，因為有時候檸檬會造成牛奶結塊。」顧客的臉一下就紅了。他匆匆喝完茶，走了出去。

有人笑著問服務小姐：「明明是他沒理，妳為什麼不直說呢？他那麼粗魯地叫妳，妳為什麼不給他一點顏色瞧瞧？」

服務小姐說：「正因為他粗魯，所以要用婉轉的方式對待；正因為道理一說就明白，所以用不著大聲。理不直的人，常用『氣壯』來壓人。理直的人，要用『氣和』來交朋友！」

客人們都佩服地點頭笑了，對這家餐館也增加了許多好感。

過分的修飾適得其反

有個秀才去買柴，他對賣柴的人說：「荷薪者過來！」賣柴的人聽不懂「荷薪者」（擔柴的人）三個字，但是聽得懂「過來」兩個字，於是把柴擔到秀才前面。

秀才問他：「其價如何？」賣柴的人聽不太懂這句話，但是聽得懂「價」這個字，於是就告

訴秀才價錢。

秀才接著說：「外實而內虛，煙多而焰少，請損之（你的木材外表是乾的，裡頭卻是濕的，燃燒起來，會濃煙多而火焰小，請減些價錢吧）。」

賣柴的人因為聽不懂秀才的話，於是擔著柴走了。

智慧沙：

平時最好用簡單的語言、易懂的言詞來傳達訊息，而且對於說話的對象、時機要有所掌握。

有時，過分的修飾反而達不到想要完成的目的。

你真的懂了嗎

一天，美國知名主持人林克萊特訪問一名小朋友：「你長大後想要當什麼？」

小朋友天真地回答：「嗯……我想要當飛機的駕駛員！」

林克萊特接著問：「如果有一天，你的飛機飛到太平洋上空，所有引擎都熄火了，你該怎麼辦？」

小朋友想了想：「我會先告訴坐在飛機上的人綁好安全帶，然後我掛上我的降落傘跳出去。」

當在場的觀眾笑得東倒西歪時，林克萊特繼續注視著這孩子，想看他是不是自作聰明的傢伙。沒想到，這孩子的兩行熱淚竟奪眶而出，使得林克萊特發覺孩子的悲憫之情遠非筆墨所能形容。

於是林克萊特問他說：「為什麼要這麼做？」

小孩的答案透露出一個孩子真摯的想法：「我要去拿燃料，我還要回來！」

> 智慧沙：
>
> 當你聽到別人說話時，你真的聽懂他說的意思了嗎？如果不懂，就請聽別人說完吧，這就是聽的藝術：聽話不要聽一半；不要把自己的意思，提前放到別人所說的話前面。

你掃的地真乾淨

韓國某大型公司的一個清潔工，本來是一個最被人忽視、最被人看不起的角色，但就是這樣一個人，在一天晚上，與偷竊公司保險箱的小偷進行了殊死搏鬥。

事後，有人為他請功並詢問他的動機，答案卻出人意料。他說，當公司的總經理從他身旁經過時，總是會不時地讚美他：「你掃的地真乾淨。」

050

打動人最好的方式就是真誠的欣賞和善意的讚許。士為知己者死。世上有兩件東西比金錢和性命更為人們所需，那就是認可與讚美。

把別人說得動心且歡喜

一名風濕病患者來到著名的溫泉，詢問經理：「這裡的泉水是否真的對身體有益？洗過溫泉浴會覺得好些嗎？」

經理說：「要我舉一個例子嗎？」

「去年夏天來了位老人，身體僵硬得只能坐輪椅。他在這裡住了一個月，沒付帳就自己騎自行車溜了。」

結果，患者信服的留了下來。

智慧沙：

話不在多，在於恰到好處，言不一定及義，但要恰當。

051

05 沒有任何藉口

人生和球場都是舞台，當需要你演出的時候，就應該盡全力。

——中國大陸足球總教練米盧

年紀與成功無關

春秋時代，晉國的國君平公有一天對一個名叫師曠的著名樂師說：「我已經是七十歲的人了，想再學習恐怕太晚了吧？」

師曠是個聰明人，他故意問：「晚了，那怎麼不趕快把蠟燭點起來呢？」

晉平公認為師曠很不禮貌，生氣地說：「我跟你講正經事，你怎麼能開玩笑呢？」

師曠就認真地對他說：「我聽人家說過，少年時期就刻苦好學的人，好像早晨的太陽，前途無量；壯年時期開始刻苦學習的人，好像烈日當空，雖然只有半天，可是銳氣正盛；老年時期才開始刻苦學習的人，好像蠟燭的光，雖然遠遠比不上太陽，但是比在黑暗中瞎碰亂撞，可要好上多少倍！」

晉平公聽了，連連點頭稱是。

052

智慧沙：

有志不在年高，活到老，學到老。只要有目標、有恆心、有信心、有決心，年紀與成功是無關的。

努力應該趁早

有一個國家打勝仗後，大擺筵席慶功行賞。

國王對王子說：「孩子，我們勝利了，可惜你沒有立功。」

王子遺憾地說：「父王，你沒有讓我到前線去，叫我如何立功？」

有一位大臣連忙安慰說：「王子，你才十八歲，以後立功的機會還多著呢。」

王子對國王說：「請問父王，我還能再有一次十八歲嗎？」

國王很高興地說：「很好，孩子，就以這句話，你已經立了大功了。」

智慧沙：

光陰一去不復返，努力應該趁早。既然要與眾不同，就要趕緊努力，不要老是說「太忙了」、「太累了」這些看似合理但沒有任何意義的藉口。

把斧頭賣給總統

二○○一年五月二十日，美國一位名叫喬治‧赫伯特的推銷員，成功地把一把斧頭推銷給了小布希總統。

一位記者採訪了他，他是這樣說的：「我在一開始就認為，把一把斧頭推銷給小布希總統是完全可能的。因為，他在德克薩斯州有一個農場，裡面種了許多樹。於是我寫了一封信給他，信的內容是這樣的：

有一次，我有幸參觀您的農場，發現裡面種了許多矢菊樹，有些已經死掉，木質已變得鬆軟。我想，您一定需要一把小斧頭，但從您現在的體質來看，這種小斧頭顯然太輕，因此您仍需要一把不甚鋒利的老斧頭。而我現在正好有一把這樣的斧頭，很適合砍伐枯樹。倘若您有興趣，請按這封信所留的信箱，給予回覆……」

最後，小布希總統就給這位推銷員匯去了十五美元。

054

因為用心，所以加薪

有兩個好朋友同時受僱於一家超市。開始時大家都一樣，從基層做起。可不久後其中的一個受到總經理的青睞，一再被提升，從領班一直到部門經理。另一個則像被遺忘了一般，還在基層「混」。

終於有一天這個被遺忘的人忍無可忍，向總經理提出辭呈，並痛斥總經理狗眼看人──辛勤工作的人不提拔，倒提拔那些吹牛拍馬的人。

總經理耐心地聽著，他瞭解這個小夥子工作肯吃苦，但似乎缺了點什麼。缺什麼呢？三言兩語說不清楚，說清楚了他也不服，看來……他忽然有了個主意。

「小夥子，你馬上到集市上去看看今天有賣什麼。」總經理說。

這個人很快從集市上回來說：「剛才集市上只有一個農夫拉了車在賣馬鈴薯。」

「一車大約有多少袋？」總經理問。

他又跑去，回來後說有四十袋。

「價格是多少？」他再次跑到集市上。

總經理望著跑回來的已氣喘吁吁的他說：「請休息一會兒吧，看看你的朋友是怎麼做的。」

說完，總經理叫來他的朋友，並對他說：「你馬上到集市上去看看今天有賣什麼。」

他的朋友很快從集市上回來了，匯報說到現在為止只有一個農夫在賣馬鈴薯，有四十袋，品

質很好，價格適中。他帶回幾個馬鈴薯讓總經理看，還提了一些建議：「這個農夫待會兒還要帶幾箱番茄來賣，價格還算公道，超市可以購進一些。」也許想到這種價格的番茄總經理大概會購進，所以他不僅帶回來幾個番茄作樣品，而且還把那個農夫也帶來了，農夫正在外面等回覆呢。

總經理看了一眼在一旁紅了臉的小夥子，說：「這就是你朋友得到晉升的原因。」

智慧沙：

因為用心，所以加薪。像這樣認真工作的小夥子，哪個公司不願意僱用呢？所以，想要加薪，那就比別的工作夥伴多用點心思吧！

用不著跑在別人後面

理查‧派迪是運動史上贏得獎金最多的賽車選手。有一個情景對他的成功影響很大，那就是第一次賽完車，他回來向母親報告賽車結果：

「媽！」他衝進家門口叫道：「有三十五輛車參加比賽，我跑第二。」

「你輸了！」他母親回答道。

「但，媽！」他抗議道：「您不認為我第一次就跑個第二是很好的事嗎？特別是有這麼多輛車參加比賽。」

「理查!」她嚴厲道:「你用不著跑在任何人後面!」

接下來二十年中,理查·派迪稱霸賽車界。他的許多項紀錄到今天還保持著,沒被打破。他從未忘記母親的話:「理查,你用不著跑在任何人後面!」

成績。

智慧沙:

用不著跑在任何人後面。也只有你從內心決定要做第一名,你才會全力以赴,取得一流的

既然事情已成定局

連續幾天的傾盆大雨仍沒有停,一個人站在院子中央,指著天空大罵:「你這糊塗、不長眼睛的老天,下這麼多雨可把我給害慘了。屋頂漏了,衣服濕了,糧食潮了,柴火濕了……我倒楣你有好處嗎,還不停,還不停……」

這時,鄰居出來對他說:「你罵得這麼來勁,連自己被雨淋都不怕,老天一定會被你氣死,再也不敢隨便下雨了。」

「哼,祂能聽到就好了,可是實際上一點用都沒有。」罵天者氣呼呼地回答。「既然如此,那你為什麼還在那兒白費勁呢?」鄰居問。罵天者語塞了。

鄰居繼續說：「與其在這兒罵老天，不如先修好屋頂，再向我借些柴火，烘乾衣服，烘乾糧食，在屋裡做些平時沒空做的事。」

誠信是做人的根本

早年，尼泊爾的喜馬拉雅山南麓很少有外國人涉足。後來，許多日本人到這裡觀光旅遊，據說這是源於一位少年的誠信。

一天，幾位日本攝影師請當地一位少年代買啤酒，這位少年為此跑了三個多小時。第二天，這個少年又自告奮勇地要幫他們買啤酒。這次攝影師們給了他很多錢，但直到第三天下午這個少年都還沒回來，於是攝影師們議論紛紛，都認為這個少年把錢騙走了。

可是在第三天夜裡，他卻敲開了攝影師的門。原來，他只購得四瓶啤酒，後來，他又翻了一座山，越過一條河，才購得另外六瓶，但返回時摔壞了三瓶。他哭著拿著玻璃碎片，向攝影師交回零錢，在場的人無不動容。

這個故事使許多外國人深受感動。後來，到這兒的遊客就愈來愈多⋯⋯

方法正確就能成功

一個暴風雨的日子，有一個窮人到富人家討飯。

「滾開！」僕人說：「不要來打擾我們。」

窮人說：「只要讓我進去，在你們的火爐上烤乾衣服就行了。」

僕人以為這不需要花費什麼，就讓他進去了。進去後，這個窮人請求廚娘給他一個小鍋，以便他「煮石頭湯喝」。

「石頭湯？」廚娘說：「我想看看你怎麼用石頭做成湯。」於是她就答應了。

窮人便到路上撿了塊石頭洗淨後放在鍋裡煮。

「可是，你總得放點鹽吧。」廚娘說，她給他一些鹽，後來又給了他豌豆、薄荷、香菜。最後，又把能收拾到的碎肉末都放在湯裡。

後來，這個窮人就把石頭撈出來扔掉，美好地喝了一鍋肉湯。

智慧沙：
如果這個窮人對僕人說：「行行好吧！請給我一鍋肉湯。」會有什麼結果呢？運用自己獨特的方法，你就能成功。

幫助別人獲得成功

兩個釣魚高手一起到魚池垂釣。兩人各憑本事，一展身手，不久，他們皆大有收穫。

忽然間，魚池附近來了十多名遊客。看到這兩位高手輕輕鬆鬆就把魚釣上來，不免感到幾分羨慕，於是都到附近買了釣竿來試試自己的運氣。沒想到，這些不擅此道的遊客，怎麼釣也毫無成果。

話說那兩位釣魚高手，兩人個性根本不同。其中一人孤僻而不愛搭理別人，單享獨釣之樂；而另一人卻是個熱心、豪放、愛交朋友的人。

愛交朋友的這位高手，看到遊客釣不到魚，就說：「這樣吧！我來教你們釣魚，如果你們學會了我傳授的訣竅，釣到一大堆魚的話，每十尾就分給我一尾。不滿十尾就不必給我。」雙方一拍即合，欣然同意。

教完這一群人，他又到另一群人中，同樣也傳授釣魚術，依然要求每釣十尾回饋給他一尾。

一天下來，這位熱心助人的釣魚高手，把所有時間都用於指導垂釣者，獲得的竟是滿滿一大籮筐的魚，還認識了一大群新朋友，同時，左一聲「老師」，右一聲「老師」，備受尊崇。

同來的另一位釣魚高手，卻沒享受到這種服務人們的樂趣。當大家圍繞著其同伴學釣魚時，那人更顯得孤單落寞。悶釣一整天，檢視竹簍裡的魚，收穫卻遠沒有同伴的多。

智慧沙：

當你幫助別人獲得成功──釣到大魚之後，自然在助人為樂之餘，也會得到相應的回饋。

06 當上帝說不的時候

沒有天生的強者，一個人只有站在懸崖邊時才會真正堅強起來。

—— 武田麻弓《抗爭》

相信的力量

在一次火災中，一個小男孩被燒成重傷。雖然經過醫院全力搶救脫離了生命危險，但他的下半身還是沒有任何知覺。醫生悄悄地告訴他的媽媽，這孩子以後只能靠輪椅度日了。

一天，天氣十分晴朗。媽媽推著他到院子裡呼吸新鮮空氣，然後有事離開了。突然，一股強烈的衝動從男孩的心底湧起：我一定要站起來！他奮力推開輪椅，拖著無力的雙腿，用雙肘在草地上匍匐前進，費了許多工夫，終於爬到了籬笆牆邊。

接著，他用盡全身力氣，努力地抓住籬笆牆站了起來，並且試著拉住籬笆牆向前行走。沒走幾步，汗水從額頭滾滾而下，他停下來喘口氣，咬緊牙關又拖著雙腿再次出發，直到籬笆牆的盡頭。

就這樣，每一天男孩都要抓緊籬笆牆練習走路。可一天天過去了，他的雙腿仍然沒有任何知覺。他不甘心困於輪椅的生活，一次次握緊拳頭告訴自己：未來的日子裡，一定要靠自己的雙腿

來行走。

終於，在一個清晨，當他再次拖著無力的雙腿緊拉著籬笆行走時，一陣鑽心的疼痛從下身傳了過來。那一刻，他嚇呆了。他一遍又一遍地走著，盡情地享受著別人避之唯恐不及的鑽心般的痛楚。

從那以後，男孩的身體恢復得很快，先是能夠慢慢地站起來，扶著籬笆走上幾步，漸漸地，他便可以獨力行走了，最後，他竟然在院子裡跑了起來。自此，他的生活與一般的男孩子再無兩樣。

到他讀大學時，他還被選進了學校田徑隊。

他就是葛林·康漢寧博士，他曾跑出全世界最好的短跑成績。

什麼會讓你失去一切

在美國紐約，有一位年輕的員警叫亞瑟爾。在一次追捕行動中，亞瑟爾被歹徒用衝鋒槍射中左眼和右腿膝蓋。三個月後，從醫院裡出來時，他完全變了個樣：一個曾經高大魁梧、雙目炯炯

有神的英俊小夥子，現已成了一個又跛又瞎的殘疾人。

這時，紐約有線電台記者採訪了他，問他以後將如何面對遭受到的厄運。他說：「我只知道歹徒現在還沒有被抓到，我要親手抓住他！」記者看到，他那隻完好的右眼裡透射出一種令人顫慄的憤怒之光。

從那以後，亞瑟爾不顧任何人的勸阻，參與了抓捕那個歹徒的無數次行動。他幾乎跑遍了整個美國，甚至有一次為了一個微不足道的線索，獨自一人乘飛機去了歐洲。

九年後，那個歹徒終於被抓了。當然，亞瑟爾起了非常關鍵的作用。在慶功會上，他再次成了英雄，許多媒體稱讚他是全美最堅強、最勇敢的人。但是沒多久，亞瑟爾卻在臥室裡割腕自殺了。在他的遺書中，人們讀到了他自殺的原因：

這些年來，讓我活下去的信念就是抓住兇手。現在，傷害我的兇手被判刑了，我的仇恨被化解了，生存的信念也隨之消失了。面對自己的傷殘，我從來沒有這樣絕望過……

找到那把鋒利的斧頭

山裡住著一位以砍柴維生的樵夫。經過近一年的辛苦努力，他終於建成了一間可以遮風擋雨的木房子。有一天，他挑了砍好的木柴到城裡交貨，黃昏回家時，卻發現他的房子著了大火。

左鄰右舍都前來幫忙救火，但由於傍晚的風勢太大，大火還是沒有辦法被撲滅，一群人只能靜靜的站在一旁，眼睜睜地看著熾烈的火焰吞噬掉整棟木屋。

當大火終於滅了的時候，人們看見這位樵夫手裡拿了一根棍子，跑進倒塌的屋裡不斷地翻找著什麼。圍觀的鄰人以為他正在翻找藏在屋裡的珍貴寶物，所以都好奇地在一旁注視。過了半晌，樵夫終於興奮地叫著：「我找到了！我找到了！」

鄰人紛紛向前，這時才發現樵夫手裡捧著的是一片斧刀，根本不是什麼值錢的寶物。只見樵夫興奮地將木棍嵌進斧刀，充滿自信地說：「只要有這柄斧頭，我就可以再建一個更堅固耐用的家。」

智慧沙：

在你即將被再次打倒的時候，通常也是你離成功最近的時候。無論頭上是怎樣的天空，都要準備好承受任何強勁的風暴。

危機就是轉機

有位商人欠了一個放高利貸的債主一筆巨款。那個又老又醜的債主，看上了商人青春美麗的女兒，便要求商人用女兒來抵債。商人和女兒聽到這個提議都十分恐慌。

狡猾偽善的高利貸債主故作仁慈，建議這件事聽從上天安排。他說，他將在空錢袋裡放入一顆黑石子和一顆白石子，然後讓商人女兒伸手摸出其一，如果她撿中的是黑石子，她就要成為他的妻子；如果她撿中的是白石子，她不但可以回到父親身邊，債務也一筆勾銷；但是，如果她拒絕探手一試，她父親就要入獄。

雖然不情願，商人的女兒還是答應試一試。當時，他們正在花園中鋪滿石子的小徑上。協定之後，高利貸債主隨即彎腰拾起兩顆小石子放入袋中，敏銳的少女察覺：兩顆小石子竟然全是黑的！

少女不發一語，冷靜的伸手探入袋中，漫不經心似的摸出一顆石子。突然，手一鬆，石子便順勢滾落到路上的石子堆裡，分辨不出是哪一顆了。

「噢！看我笨手笨腳的，」女孩說道：「不過，沒關係，現在只需看看袋子裡剩下的這顆石子是什麼顏色，就可以知道我剛才選的那一顆是黑是白了。」

當然，袋子裡剩下的石子一定是黑的。惡債主既然不能承認自己的詭詐，也就只好承認她選中的是白石子。

智慧沙：

陽光總在風雨後。當我們陷入困境時，若能心平氣和的隨機應變，就能變危機為轉機，將煩惱和不快輕鬆化解。

等待三天

應邀訪美的女作家在紐約街頭遇見一位賣花的老太太。這位老太太穿著相當破舊，身體看上去很虛弱，但臉上滿是喜悅。女作家挑了一朵花說：「妳看起來很高興。」

「為什麼不呢？一切都這麼美好。」

「妳很能承擔煩惱。」女作家又說。

然而，老太太的回答卻令女作家大吃一驚。「耶穌在星期五被釘在十字架上的時候，那是全世界最糟糕的一天，可三天後就是復活節。所以，當我遇到不幸時，會等待三天，一切就恢復正常了。」

智慧沙：

人生並非盡是事事如意，總要伴隨幾多不幸，幾多煩惱。我們從來就不應該承認與生俱來的命運，遇到不幸時，等待三天，也許一切就會恢復正常了。

安樂的價值

有位國王和一位波斯奴隸同坐在一條船上。那個奴隸從來沒有見過海洋，也沒有嘗過坐船的艱辛。一路上他哭哭啼啼，顫慄不已。大家百般安慰，他仍繼續哭鬧。國王被他擾得不得安寧，大家始終想不出解決辦法來。

船上有一個哲學家說：「讓我試一試吧，我可以使他安靜下來。」

哲學家立刻叫人把那奴隸拋到海裡。奴隸在海裡掙扎了幾次，人們才抓住他的頭髮，把他拖到船上。

奴隸上船以後，坐在一個角落裡，不再作聲。

國王很高興，開口問哲學家：「你這方法，奧妙何在？」

哲學家說：「以前他不知道滅頂的痛苦，便想不到穩坐船上的可貴。」

智慧沙：
一個人總要經歷過憂患才知道安樂的價值。人們很難做到隨遇而安，除非他知道事情本來會更糟。

068

從災難中找出價值

一九一四年十二月，大發明家愛迪生的實驗室在一場大火中化為灰燼，損失超過兩百萬美元。愛迪生一生的心血成果也在無情的大火中付之一炬。

當大火燒得最猛烈時，愛迪生二十四歲的兒子查理斯在濃煙和廢墟中發瘋似的尋找他的父親。終於，他找到了：愛迪生平靜地看著火勢，他的臉在火光搖曳中閃亮，他的白髮在寒風中飄動著。

「我真為他難過，」查理斯後來寫道：「他都六十七歲，不再年輕了，眼下這一切都付諸東流了。可他看到我卻嚷道：『查理斯，你母親去哪兒了？快把她找來，這輩子恐怕再也見不著這樣的場面了。』」

「第二天早上，父親看著一片廢墟說：『災難自有它的價值，瞧，這不就是！我們以前所有的謬誤過失都給大火燒得一乾二淨，感謝上帝，這下我們又可以從頭再來了。』」

火災剛過去三個星期，愛迪生就開始著手推出他的第一部留聲機。

> **智慧沙：**
> 當遭遇無情災難時，百折不撓的意志可以讓我們反省，讓我們總結經驗，讓我們從災難中找出價值。

換個做法

一次，電台請了一位商界奇才作嘉賓主持，大家非常希望能聽他談談成功之道。但他只是淡淡一笑，說：「還是出個題考考你們吧。某地發現了金礦，人們一窩蜂地湧去，然而一條大河擋住了必經之路，是你，會怎麼辦？」

有人說繞道走，也有人說游過去。但他卻含笑不語，過了很久，他才說：「為什麼非得去淘金，為什麼不可以買一條船開展營運？」

大家愕然。他卻說：「那樣的情況就算宰得渡客只剩下一條短褲，渡客也會心甘情願。因為前面有金礦啊！」

> 智慧沙：
> 「做他人不想做的，想他人不曾想的。」這就是成功之道。困境在智者的眼中往往意味著一個潛在的機遇。

成為一隻美麗的蝴蝶

加拿大第一位連任兩屆總理的讓‧克雷蒂安，小時候說話口吃，曾因疾病導致左臉局部麻

070

痹，嘴角畸形，講話時嘴巴總是向一邊歪，而且還有一隻耳朵失聰。

聽一位有名的醫學專家說，嘴裡含著小石子講話可以矯正口吃，克雷蒂安就整日在嘴裡含著一塊小石子練習講話，以致嘴巴和舌頭都被石子磨爛了。

母親看後心疼地直流眼淚，她抱著兒子說：「克雷蒂安，不要練了，媽媽會一輩子陪著你。」克雷蒂安一邊替媽媽擦著眼淚，一邊堅強地說：「媽媽，聽說每一隻漂亮的蝴蝶，都是自己衝破束縛它的繭之後才變成的。我一定要講好話，做一隻漂亮的蝴蝶。」

後來，克雷蒂安終於能夠流利地講話了。他勤奮並善良，中學畢業時，不僅取得了優異的成績，還獲得了極好的人緣。

一九九三年十月，克雷蒂安參加全國總理大選時，他的對手大力攻擊、嘲笑他的臉部缺陷，對手曾極不道德、帶有人格侮辱地說：「你們要這樣的人來當你們的總理嗎？」然而，對手的這種惡意攻擊卻招致大部分選民的憤怒和譴責。當人們知道克雷蒂安的成長經歷後，都給予他極大的同情和尊敬。

在競爭演說中，克雷蒂安誠懇地對選民說：「我要帶領國家和人民成為一隻美麗的蝴蝶。」最後他以極高的票數當選為加拿大總理，並在一九九七年成功地獲得連任，被加拿大人民親切地稱為「蝴蝶總理」。

智慧沙：

缺陷是每個人生命中的「繭」，當你無法脫離它時，你可以利用自信、堅強的生命之劍將它刺穿，然後化蛹為蝶。

比一顆豆子更堅強

猶太人說，這世界上賣豆子的人應該是最快樂的，因為他們永遠不必擔心豆子賣不出去。假如他們的豆子賣不完，可以拿回家磨成豆漿，再拿出來賣給行人；豆漿賣不完，可以製成豆腐；豆腐賣不完，變硬了，可以當作豆腐乾來賣；豆腐乾賣不完，可以醃起來，變成腐乳。

還有一種選擇是：賣豆人把賣不出去的豆子拿回家，澆水讓豆子發芽，幾天後就可改賣豆芽；豆芽賣不完，就讓它長大些，變成豆苗；豆苗賣不完，就讓它再長大些，移植到花盆裡，當作盆景來賣；盆景賣不完，就再把它移植到泥土中，讓它生長，幾個月後，它就會結出許多新豆子。從一顆豆子變成上百顆豆子，想想這是多划算的事！

智慧沙：

一顆豆子在遭遇冷落的時候，都有無數種精彩選擇，何況一個人呢，至少應該比一顆豆子更堅強吧！

最大的不幸

有一個人在他二十三歲時被人陷害，在牢房裡待了九年，後來冤案告破，他終於走出了監獄。出獄後，他開始了常年如一日地反覆控訴、咒罵：「我真不幸，在最年輕有為的時候竟遭受冤屈，在監獄度過本應最美好的一段時光。

「那樣的監獄簡直不是人居住的地方，狹窄得連轉身都困難。唯一的細小窗口裡幾乎看不到陽光，冬天寒冷難忍；夏天蚊蟲叮咬……真不明白，上帝為什麼不懲罰那個陷害我的傢伙，即使將他千刀萬剮，也難以解我心頭之恨啊！」

七十三歲那年，在貧病交加中，他終於臥床不起。彌留之際，牧師來到他的床邊：「可憐的孩子，到天堂之前，懺悔你在人世間的一切罪惡吧……」

牧師的話還沒說完，病床上的他即聲嘶力竭地叫喊起來：「我沒有什麼需要懺悔，我需要的是詛咒，詛咒那些施予我不幸命運的人……」

牧師問：「您因受冤屈在監獄待了多少年？離開監獄後又生活了多少年？」他惡狠狠地將數字告訴了牧師。

牧師長嘆了一口氣：「可憐的人，您真是世上最不幸的人，對您的不幸，我真的感到萬分同情和悲痛！他人囚禁了你區區九年，而當你走出監牢本應獲取永久自由的時候，您卻用心底的仇恨、抱怨、詛咒囚禁了自己整整四十一年！」

智慧沙

精華典藏版

智慧沙：

用別人的錯誤來懲罰自己，既浪費感情和精力，也讓自己頹廢和空虛。人生短暫，要做的事情很多，包容一下，一切都會過去。不知道原諒別人而讓自己痛苦，才是最大的不幸。

07 把自己激勵成超人

神與惡魔戰爭，戰場就在人們的心中。

——俄國小說家陀思妥耶夫斯基

生命永遠不會貶值

在一次討論會上，一位著名的演說家沒講一句開場白，手裡卻高舉著一張二十美元的鈔票。

面對會議室裡的兩百多人，他問：「誰要這二十美元？」

一隻手舉了起來。他接著說：「我打算把這二十美元送給你們當中的一位，但在這之前，請允許我做一件事。」

他說著將鈔票揉成一團，然後問：「誰還要？」仍有人舉起手來。

他又說：「那麼，假如我這樣做又會怎麼樣呢？」他把鈔票扔到地上，又踏上一隻腳，並且用腳碾它。他拾起鈔票時，鈔票已變得又髒又皺。

「現在誰還要？」還是有人舉起手來。

「朋友們，你們已經上了一堂很有意義的課。無論我如何對待這張鈔票，你們還是想要它，因為它並沒貶值，它依舊值二十美元。」

智慧沙：

人生路上，我們有時會覺得自己似乎一文不值。但無論發生什麼事，在上帝的眼中，我們永遠不會喪失價值。在祂看來，骯髒或潔淨，衣著整齊或不整齊，我們依然是無價之寶。

成功的祕訣是什麼

有一天，一個學生請教哲學家蘇格拉底成功的祕訣是什麼。

蘇格拉底沒說一句話就帶他到一條河邊，然後向河裡走去。學生不解，當河水淹到他的膝部時，老師沒有說話。當河水淹到他的腿部時，老師還是沒有說話。當河水漸漸淹到他的胸部時，蘇格拉底轉過身來，把他的雙手放在學生的頭上，然後用力把學生的頭按到水裡。

學生在水裡掙扎了一段時間，蘇格拉底還是沒有鬆手，最後學生在水裡實在堅持不住了，他用盡全身所有的力量頂出水面，大聲問蘇格拉底：「老師，你到底要幹什麼？」這時，蘇格拉底才一本正經地對他說：「如果你追求成功的欲望就像你剛才在水裡需要呼吸，追求生存那麼迫切和全力以赴的話，那麼你就無所不能了。」

我們都是九牛人

強和壯是從小在一起長大的好朋友。到了戀愛的年紀，他們發現村子裡沒有稱心如意的姑娘，便一同到外面找自己喜歡的人。

離開家之後，他們走了很多地方。有一天，他們來到了一個小漁村，在村子裡他們遇到了一位姑娘，壯對強說：「我要留在這個漁村，因為那個姑娘就是我想找的人。」

強覺得這姑娘沒什麼可愛的地方，就對自己的好朋友說：「我看她沒有什麼特別的，既然你喜歡，就留下好了，我繼續找我喜歡的人。」於是強辭別了壯，繼續往前找。他走了很多的路，到了很多村莊和城市。幾年過去了，他一直沒有找到自己稱心如意的姑娘，於是原路返回。

在回家的路上，他經過了當年和壯分手的小漁村。當年的小漁村如今已變成了小鎮。想起和好朋友已經幾年沒見面了，強打算到這裡看看壯。他來到了村頭，看見一位帶著孩子的美麗少婦，就走過去問：「請問壯的家怎麼走？」那個少婦說：「你跟我來吧！」結果少婦把強帶到壯家裡。

兩個好朋友見面當然非常高興，壯對著那位美麗的少婦說：「老婆，我的好朋友來了，給我們準備點酒菜，我們要喝幾杯。」原來這位美麗少婦就是壯的老婆。

強非常吃驚，他對壯說：「當年我們來到這裡時，見到的她並不是今天這般美麗。她變化怎麼這麼大？」

壯對強講述了自己留下來後的生活：

強走後，壯瞭解到當地男方向女方求婚的風俗——要給未來的老丈人送牛。普通的女孩只要送一兩頭牛，賢慧漂亮的女孩一般送四五頭。九頭牛表明女孩非常優秀，而這裡根本就沒有人送過九頭牛。

壯到女孩家的時候，趕了九頭牛。當壯把自己的來意向女孩父親說明後，老人說：「我家女兒只是一個普通的姑娘，最多只要三頭牛就行了。你送這麼多牛，如果我們收下，鄰居會笑話我們的。」壯說：「不，老人家，我認為你的女兒是世界上最好的，也是最美的，她值九頭牛。」

於是壯硬是送給他們九頭牛。

結婚之後，壯一直把老婆當成最漂亮、最可愛的人，把她當成「九牛之人」，漸漸地，壯的老婆也覺得自己就是「九牛之人」，於是她就變得愈來愈漂亮、愈來愈美麗、愈來愈賢慧了。

怎樣才能成功

一天，一位年輕人去見一位智者。

「請問，怎樣才能成功呢？」年輕人恭敬地問。

智者笑笑，遞給年輕人一顆花生：「它有什麼特點？」

年輕人愕然。

「用力捏捏它。」智者說。

年輕人用力一捏，花生殼被他捏碎了，留下來的是花生仁。

「再搓搓它。」智者說。

年輕人照他的話做了。花生仁的紅色種皮被他搓掉了，只留下白白的果實。

「再用手捏它。」智者說。

年輕人用力捏著，但是他的手無法再將它毀壞。

「用手搓搓看。」智者說。

當然，什麼也搓不下來。

「雖屢遭挫折，卻有一顆堅強、百折不撓的心。這就是成功的祕密。」智者說。

什麼是真正的男子漢

兒子都已經十六、十七歲了，卻一點男子漢的氣概都沒有。苦惱的父親去拜訪一位拳師，請這位武術大師幫他訓練他的兒子，重塑男子漢的氣概。拳師答應父親半年後一定把孩子訓練成一個真正的男子漢。

半年後，男孩的父親來接他，拳師安排了一場拳擊比賽來向這位父親展示訓練成果。被安排與男孩對打的是一名拳擊教練。教練一出手，這男孩便應聲倒地。但是，男孩剛剛倒地便立即站起來接受挑戰。倒下去又站了起來……如此來來回回總共二十多次。

拳師問這名父親：「你覺得你孩子的表現夠不夠男子漢氣概？」

「我簡直無地自容了，想不到我送他來這裡訓練半年多，我所看到的結果還是這麼不經打，

向人生的高空飛翔

智慧沙：

能夠迅速打敗對手固然可貴，但更可貴的是，能在倒下後屢敗屢戰，直到勝利。只要站起來的次數比倒下去的次數多一次，那就是成功。

被人一打就倒。」父親傷心地回答。

拳師意味深長地說：「我很遺憾，因為你只看到了表面的勝負。你有沒有看到你兒子倒下去又立刻站起來的勇氣和毅力呢？那才是真正的男子漢氣概！」

有塊石頭在深山裡寂寞地躺了很久，它有一個夢想：有一天能像鳥兒一樣飛翔。當它把自己的理想告訴同伴時，立刻招來同伴們的嘲笑：「瞧瞧，什麼叫心比天高，這就是啊！」「真是異想天開！」……但這塊石頭不理會同伴們的閒言碎語，仍然懷抱理想等待時機。

有一天一個叫莊子的人路過這裡，它知道這個人有非凡的智慧，就把自己的夢想告訴了他。

莊子說：「我可以幫你實現，但你必須先長成一座大山，這可是要吃不少苦的。」石頭說：「我不怕。」

於是石頭拚命地吸取天地靈氣，承接雨露惠澤，不知經過多少年，受了多少風雨的洗禮，它

終於長成了一座大山。於是，莊子招來大鵬以翅膀擊山，一時間天搖地動，一聲巨響後，山炸開了，無數塊石頭飛向天空，就在飛的一剎那，石頭會心地笑了。

但不久後它就從空中摔下來，仍舊變成當初的模樣，落在原來的地方。莊子問：「你後悔嗎？」「不，我不後悔，我長成過一座山，而且體會過飛翔的快樂！」石頭說。

智慧沙：

人的一生就像石頭一樣，最初的開始和最終的結局都是一樣的，但過程卻各有不同。一個人的目標訂得高，他就必須付出更多的辛勞和汗水，即使經過全力打拼仍不得實現，至少也比他人走得遠、實現得多。

負重才不會被打翻

一艘貨輪卸貨後返航，在浩渺的大海上，突然遭遇巨大風暴，老船長果斷下令：「打開所有貨艙，立刻往裡面灌水。」

水手們擔憂：「往船裡灌水是險上加險，這不是自找死路嗎？」

老船長鎮定地說：「大家見過根深幹粗的樹被暴風颳倒過嗎？被颳倒的是沒有根基的小樹。」

水手們半信半疑地照著做了。雖然暴風巨浪依舊那麼猛烈，但隨著貨艙裡的水位愈來愈高，貨輪漸漸平穩了。

老船長告訴那些鬆了一口氣的水手：「一個空木桶是很容易被風吹倒的，如果裝滿水負重了，風是吹不倒的。船在負重時是最安全的，空船時才是最危險的時候。」

智慧沙：

人何嘗不是呢？那些胸懷大志的人，沉重的責任感時刻壓在心頭，砥礪著人生的堅穩腳步，從歲月和歷史的風雨中堅定地走了出來。而那些得過且過、空耗時光的人，像一個沒有盛水的空水桶，往往一場人生的風雨便把他們徹底地打翻了。給我們自己加滿「水」，使我們負重，這樣才不會被打翻。

信念會使你升值

羅傑‧羅爾斯是紐約歷史上第一位黑人州長，在他就職的記者招待會上，羅爾斯對自己的奮鬥隻字不提，只說了一個非常陌生的名字——皮爾‧保羅。後來人們才知道這是他小學的一位校長。

羅爾斯上小學時，正值美國嬉皮士流行，這兒的窮學生比「迷惘的一代」還要無所事事，他

們曠課、鬥毆，甚至砸爛教室的黑板。當羅爾斯從窗台跳下，伸著小手走向講台時，校長說：

「我一看你修長的小拇指就知道，將來你是紐約州的州長。」

當時羅爾斯大吃一驚，因為長這麼大，只有奶奶讓他振奮過一次，她說他可以成為五噸重小船的船長。羅爾斯記下了校長的話並且相信了它。從那天起，紐約州長就像一面旗幟，他的衣服不再沾滿泥土，他說話時也不再夾雜污言穢語，他開始挺直腰桿子走路，他成了班主席。在以後的四十多年間，他沒有一天不按州長的身分要求自己。五十一歲那年，他真的成了州長。

在他的就職演說中有這麼一段話：「信念值多少錢？信念是不值錢的，它有時甚至是一個善意的欺騙，然而你一旦堅持下去，它就會迅速升值。」

智慧沙：

在這個世界上，信念這種東西任何人都可以免費獲得，所有成功者最初都是從一個小小的信念開始的。

08 告訴世界我能行

我不去找尋好運——我就是好運！

——美國詩人華特・惠特曼

沒有一類工作叫隨便

羅斯福總統夫人在班寧頓學院念書時，要在電訊業找一份兼職工作。她的父親為她引見了自己的一位朋友——當時美國無線電公司的董事長薩爾洛夫將軍。

薩爾洛夫將軍問她想做哪一份工作。

她說：「隨便吧。」

薩爾洛夫將軍對她說：「沒有一類工作叫隨便，因為成功的道路是目標鋪出來的。」

> **智慧沙：**
>
> 成功等於目標，其他全是這句話的注解。沒有目標而去奮鬥拼搏，恰如沒有羅盤而航行。沒有目標，哪裡都是目標，哪裡都沒有目標。

不要怕，不要悔

一個年輕人離開部落，開始創造自己的未來。少小離家，心裡難免有幾分惶恐。他動身後的第一站，是去拜訪部落酋長，請求指點。

酋長正在臨帖練字，他聽說部落有位後輩開始踏上人生的旅途，就隨手寫了三個字「不要怕」，然後抬起頭來，望著前來求教的年輕人說：「孩子，人生的祕訣只有六個字，今天先告訴你三個字，供你半生受用。」

二十年後，這個年輕人已是中年，他有一些成就，也添了很多傷心事。歸程漫漫，近鄉情怯，他又去拜訪那位酋長。

他到了酋長家裡，才知道老人家幾年前已經去世。家人取出一個密封的封套對他說：「這是老酋長生前留給你的，他說有一天你會再來。」還鄉的遊子這才想起來，二十年前他在這裡聽到人生的一半祕密。拆開封套，裡面赫然又是三個大字「不要悔」。

將毒汁變成檸檬水

住在佛羅里達州的一位農夫買下一片農場，買下以後，他覺得非常頹喪。那塊地壞得使農夫既不能種水果，也不能養豬，能生長的只有白楊樹及響尾蛇。然而，農夫卻想到了一個好主意，要把他所擁有的變成一種資產──他要利用那些響尾蛇。

農夫的做法使每一個人都很吃驚，他開始做響尾蛇肉罐頭。每年來參觀他的響尾蛇農場的遊客差不多有兩萬人。他的生意做得非常大。從他養的響尾蛇中提取出來的蛇毒，運送到各大藥廠去做蛇毒的血清；響尾蛇皮以很高的價錢賣出去做女人的鞋子和皮包；裝著響尾蛇肉的罐頭送到全世界各地的顧客手裡。

為了紀念這位把「有毒的檸檬」做成了「甜美的檸檬水」的先生，這個村子現在已改名為佛羅里達州響尾蛇村。

智慧沙：

奇蹟通常都是在冒險和實踐中創造出來的。當生活中出現意外時，我們不妨多多嘗試，然後心平氣和地迎接奇蹟出現。

想像身後有條狼

一位名不見經傳的年輕人第一次參加馬拉松比賽就獲得了冠軍，並且打破了世界紀錄。

他衝過終點後，新聞記者蜂擁而至，團團圍住他，不停地提問：「你是如何取得好成績的？」年輕的冠軍喘著粗氣說：「因為……因為我的身後有一隻狼。」迎著記者們驚訝和探詢的目光，他繼續說：「三年前，我開始練長跑。訓練基地的四周是崇山峻嶺，每天凌晨兩三點，教練就讓我起床，在山嶺間訓練，可是我盡了最大的努力，進步卻一直不快。

「有一天清晨，我在訓練途中，忽然聽見身後傳來狼的叫聲，開始是零星的幾聲，似乎還很遙遠，但很快就急促起來，而且就在我的身後。我知道有一隻狼盯上我了，我甚至不敢回頭，沒命地跑著。

「我那天訓練的成績好極了。後來教練問我原因，我說我聽見了狼的叫聲。教練意味深長地說，原來不是你不行，而是你身後缺少了一隻狼。我才知道，那天清晨根本就沒有狼，我聽見的狼叫，是教練裝出來的。

「從那以後，每次訓練時，我都想像著身後有一隻狼，成績突飛猛進。今天，當我參加這場比賽時，我依然想像我的身後有一隻狼，所以我成功了。」

不要任何拐杖走向講台

智慧沙：

最大的努力都不能讓選手進步，狼的嚎叫卻讓選手沒命地奔跑，直至獲得冠軍。有時候，將我們送上領獎台的，不是我們的朋友而是我們的對手。

羅斯福還是參議員時，英俊瀟灑，才華橫溢，深受人民愛戴。有一天，他在加勒比海度假，游泳時突然感到腿部麻痺，動彈不得。幸好被人救起，避免了一場悲劇。經過醫生的診斷，羅斯福被證實患上了「小兒麻痺症」。

醫生對他說：「你可能會喪失行走能力。」

羅斯福回答說：「我還要走路，我要走進白宮。」

第一次競選總統時，他對助選員說：「你們佈置一個大講台，我要讓所有的選民看到這個得小兒麻痺症的人可以『走到前面』演講，不需要任何拐杖。」

當天，他穿著筆挺的西裝，信心十足地從後台走上講台。他每次的邁步聲，都讓每個美國人深深感受到他的意志和十足的信心。後來，羅斯福成為美國史上唯一一位連任四屆的美國總統。

智慧沙：

生命本身是一種挑戰，即使自己有缺陷，只要不認輸，肯努力去證明自己某方面的本領和優長，也一定能獲得成功。不屈不撓的意志力和絕對的信心，能幫助你達成目標。

肯定你自己

老王與老李同時走進辦公室，都看了看壁上的鐘，再看看自己的手錶。結果卻發出不同的反應：

老王：「我的錶慢了。」

老李：「壁鐘快了。」

他們兩人似乎在自言自語，但是片刻之後，老王突然對老李發問：「你怎麼說壁鐘快？」

老李說：「你怎麼說你的錶慢了？」

老王說：「我覺得我的錶不準，壁鐘似乎準確些。所以我想可能是我的錶慢了。」

老李說：「我肯定我的錶走得很準，因為我的錶不會慢，所以我也肯定是壁鐘快了。」

智慧沙：

對一件事情有沒有自信心，直接影響到對它的看法。通常情況下，你對事情的看法和態度，是做這件事情成敗的關鍵之所在。

擁有一股愚鈍的力量

大科學家愛因斯坦曾做過一個實驗：

他從村子裡找了兩個人，一個愚鈍且軟弱，一個聰明且強壯。愛因斯坦找了一塊兩英畝左右的空地，給他倆同樣的工具，讓他們在其間比賽挖井，看誰最先挖到水。

愚鈍的人接到工具後，二話不說便脫掉上衣挖了起來。聰明的人稍作選擇也大幹起來。兩個小時過去了，兩人都挖了兩公尺深，但都未見到水。聰明的人斷定選擇錯了，覺得在原處繼續挖下去是愚蠢的，便另選了塊地方重挖。愚鈍的人仍在原地吃力地挖著。

兩個小時又過去了，愚鈍的人只挖了一公尺，而聰明的人又挖了兩公尺深。愚鈍的人仍在原地吃力地挖著，而聰明的人開始懷疑自己的選擇，於是又選了一塊地方重挖。

兩個小時又過去了，愚鈍的人挖了半公尺，而聰明的人又挖了兩公尺，但兩人均未見到水。這時，聰明的人洩氣了，斷定此地無水，他放棄了挖掘，離去了。而愚鈍的人體力不支了，但他還是在原地挖，而就在他剛把一撮土掘出時，奇蹟出現了，只見一股清水汩汩而出。

比賽結果，這個愚鈍的人獲勝。

智慧沙：

智商稍高、條件優越、聰明強壯者不一定會取得成功，成功有時需要一種近乎愚鈍的力量。

讓鮮花結出纍纍碩果

有個風華正茂的青年，時常輕視飽經風霜的老人。

一天，父子倆同遊公園。青年順手摘了一朵鮮花，說道：「爸爸，我們年輕人就像這朵鮮花一樣，洋溢著生命的活力。你們老年人怎麼能跟年輕人相比呢？」

父親聽罷，在經過路邊攤的時候，順便買了一包核桃，取出一顆，托在掌心裡，說道：「孩子，你比喻得不錯。如果你是鮮花，我就是這乾皺的果實。不過，事實告訴人們：鮮花，喜歡讓生命顯露在炫目的花瓣上；而果實，卻愛把生命凝結在深藏的種子裡！」

青年還不服氣：「要是沒有鮮花，哪來的果實呢？」

父親哈哈大笑：「是啊，所有的果實都曾經是鮮花；然而，卻不是所有的鮮花都能夠成為果實！」

智慧沙：

所有的果實都曾經是鮮花；然而，卻不是所有的鮮花都能夠成為果實。我們所要做的就是——讓鮮花結出纍纍碩果。因為，我們是朝氣蓬勃的年輕人！

堅守你的高貴

三百多年前，建築設計師克里斯托‧萊伊恩受命設計了英國溫澤（Windsor）市政府大廳，他運用工程力學的知識，依據自己多年的實踐，巧妙地設計了只用一根柱子支撐的大廳天花板。

但一年之後，在進行工程驗收時，市政府的權威人士對此提出了質疑，並要求萊伊恩一定要再多加幾根柱子。

萊伊恩對自己的設計很有自信，因此他非常苦惱：「如果堅持自己的主張，他們肯定會另找人來修改設計；不堅持的話，又有違自己為人的準則。」矛盾了很長時間，萊伊恩終於想出了一條妙計，他在大廳裡增加了四根柱子，但它們並未與天花板連接，只不過是裝裝樣子，唬弄那些自以為是的傢伙。

三百多年過去了，這個祕密始終沒有被發現。直到有一年，市政府準備修繕天花板時，才發現萊伊恩當年的「弄虛作假」。

智慧沙：

作為一個建築師，萊伊恩也許不是最出色的，但作為一個自然人，他無疑非常偉大，這種偉大表現在他始終恪守自己的原則。給高貴的心靈一個美麗的住所，哪怕是遭遇到最大的阻力，也要想辦法取得勝利。

09 創造超越的人生

生命並非一個發現的過程，而是一個創造的過程。你並不是在發現你自己，而是在重新創造你自己。所以，別急於發現你是誰，而該急於決定你想做誰。

——美國教育家威廉・沃德

只要每秒擺一下

一個新組裝好的小鐘放在兩個舊鐘當中。兩個舊鐘「滴答」、「滴答」一分一秒地走著。其中一個舊鐘對小鐘說：「來吧，你也該工作了。可是我有點擔心，你走完三千兩百萬次後，恐怕便吃不消了。」

「天啊！三千兩百萬次。」小鐘吃驚不已：「要我做這麼大的事？辦不到，辦不到。」

另一個舊鐘說：「別聽它胡說八道。不用害怕，你只要每秒鐘滴答擺一下就行了。」

「天下哪有這麼簡單的事。」小鐘將信將疑：「如果這樣，我就試試吧。」

小鐘很輕鬆地每秒鐘「滴答」擺一下，不知不覺中，一年過去了，它擺了三千兩百萬次。

094

絕不、絕不、絕不能放棄

一九四八年，牛津大學舉辦了一個題為「成功祕訣」的講座，邀請了當時的英國政治家邱吉爾前來演講。

演講那天，會場上人山人海，全世界各大新聞媒體都到齊了。許久，邱吉爾才用手勢止住大家雷動的掌聲，說：「我的成功祕訣有三個：第一是，絕不放棄；第二是，絕不、絕不放棄；第三是，絕不、絕不、絕不能放棄！我的演講到此結束。」

說完，邱吉爾就走下了講台。會場上沉寂了一分鐘後，突然爆發出熱烈的掌聲，那掌聲經久不息。

智慧沙：

在這個世界上，真正的失敗只有一個，那就是徹底放棄，從此不再努力。有道是：成功者永不放棄，放棄者永不成功。

誰破壞了你寧靜的生活

一匹狼吃飽了，安逸地躺在草地上睡覺，另一匹狼氣喘吁吁地從牠身邊經過，使牠十分驚奇，問道：「你為什麼沒命地奔跑呢？」

那匹狼說：「聽說獅子來了。」

「獅子是我們的朋友，有什麼可怕的呢？」躺著的狼說。

「聽說獅子跑得很快！」

「跑得快又有什麼了不起呢，追一隻羚羊用不了多大力氣！」

那匹狼還要說什麼，躺著的狼便不耐煩地擺了擺手說：「行了行了，你跑你的，我要睡覺了。」

那匹狼見狀，搖了搖頭跑走了。

後來，獅子真的來了，只來了一隻，但是由於獅子的到來，整個草原上的羚羊奔跑速度變得極快。這匹狼不再那麼容易得到食物，不久便餓死了。死時牠還不住地怨恨，說是獅子破壞了牠寧靜的生活。

096

忙碌並不就是成就

有人把許多毛毛蟲放在一個大花盆的邊上，使牠們首尾相接，排成一個圓形。這些毛毛蟲開始動了，像一列長長的遊行隊伍，沒有頭，也沒有尾。

研究者又在毛毛蟲隊伍旁邊擺了一些食物。這些毛毛蟲想要得到食物，就得解散隊伍，不再一條接一條地前進。

研究者預料，毛毛蟲很快就會厭倦這種毫無用處的爬行，轉而投向食物。可是毛毛蟲並沒有這麼做，牠們仍然沿著花盆邊以同樣的速度走了七天七夜，一直走到餓死為止。

畫一道更長的線

一位搏擊高手參加比賽，自負地認為一定可以奪得冠軍。

當比賽打到了中途，搏擊高手才警覺到，自己竟然找不到對手的破綻，而對方的攻擊卻往往能突破自己的漏洞。

比賽結果可想而知，搏擊高手失去了冠軍獎盃。

他憤憤不平地回去找師傅，央求師傅幫他找出對方的破綻，好在下次比賽時打倒對方。師傅卻笑而不語，只是在地上畫了一條線，要他在不擦掉這條線的情況下，設法讓線變短。他百思不得其解，最後還是請教了師傅。

師傅笑著在原先那條線的旁邊，又畫了一道更長的線。兩相比較之下，原來那條線看起來立刻短了很多。

這時師傅說道：「奪得冠軍的重點，不在如何攻擊對方的弱點，正如地上的線一樣。只要你自己變得更強，對方也就在無形中變弱了。如何使自己更強，才是你需要苦練的。」

別成為自己的奴才

一天早上，一位將軍受命在天黑之前拿下一個高地。

他率領部隊向高地進攻。無數次的衝鋒，都被敵人一次又一次地擊退。最後一次衝鋒，所有的戰友全都犧牲了，他自己也在戰壕前幾公尺處，被一枚地雷炸斷了一條腿……而對方的軍旗仍在山頂上飄揚，於是他絕望地朝自己開了一槍。

過了半小時，增援部隊來了。他們衝上山頂時，發現對方的官兵已全部戰死，只剩下一個奄奄一息的伙夫，正絕望地抱著自己的軍旗，等著將軍爬上來，將他像螞蟻一樣踩死——但將軍殺死的是自己！

你是一粒沙

有個自以為是的年輕人，畢業後一直找不到理想的工作。他覺得自己懷才不遇，對社會感到

非常失望。痛苦絕望之下，他來到大海邊，打算就此結束自己的生命。

這時，正好有一個老人從這裡走過。老人問他為什麼要走絕路，他說自己不能得到別人和社會的承認，沒有人欣賞並且重用他。

老人從腳下的沙灘上撿起一粒沙子，讓年輕人看了看，然後就隨便扔在地上，對年輕人說：

「請你把我剛才扔在地上的那粒沙子撿起來。」

「這根本不可能！」年輕人說。

老人沒有說話，接著又從自己的口袋裡掏出一顆晶瑩剔透的珍珠，也隨便地扔在地上，然後對年輕人說：「你能不能把這顆珍珠撿起來呢？」

「這當然可以！」

> 智慧沙：
> 有時候，你必須知道自己是一顆普通的沙粒，而不是價值連城的珍珠。若要使自己卓然出眾，就必須先使自己成為一顆珍珠。

承認自己是個笨蛋

一天，林肯和他的大兒子羅伯特乘馬車上街，街口被路過的軍隊堵塞了，林肯開門踏出一隻

智慧沙
精華典藏版

100

腳來，問一位老鄉：「這是什麼？」意思是問哪個部隊，老鄉以為他不認識軍隊，便答道：「聯邦的軍隊唄，你真是他媽的大笨蛋。」林肯說了聲「謝謝」，關閉車門，嚴肅地對兒子說：「有人在你面前說老實話，這是一種幸福。我的確是一個他媽的大笨蛋。」

有一次，一個小夥子坐在陸軍部的大樓前，林肯見了問他現在也不來管我了。」小夥子回答：「我在前方打仗受傷，來領軍餉，他們不理我，那狗娘子養的林肯現在也不來管我了。」

林肯聽了，安詳地問他：「你有證件嗎？我是個律師，看你的證件是否有效。」小夥子遞過證件，林肯看完說：「你到三〇八室找安東尼先生，他會幫你辦理一切。」小夥子進了陸軍部大樓，看門人問他：「你知不知道剛才在和誰講話？」

「跟一個自稱律師的臭老頭。」

「什麼臭老頭，他是總統啊！」

你該牢記和遺忘的

阿拉伯著名作家阿里，有一次與朋友吉伯、馬沙一同外出旅行。三人行經一處山谷時，馬沙一不小心失足滑落，眼看就要掉下深谷，機敏的吉伯拚命拉住他的衣襟，將他救起。為了永遠記住這一救命之恩，馬沙在附近的大石頭上用刀鐫刻下一行大字：某年某月某日，吉伯救了馬沙一命。

三人繼續旅行數日，來到一條河邊。吉伯和馬沙為了一件小事吵了起來。吉伯一氣之下打了馬沙一耳光。馬沙控制住自己，沒有還手。一口氣跑到沙灘上，用力在沙灘上又寫下一行大字：某年某月某日，吉伯打了馬沙一耳光。

不尋常的旅行結束了。有一天，阿里不解地問馬沙：「你為什麼要把救你的事刻在石頭上，而把打你的事寫在沙灘上？」馬沙很平靜地回答：「我將永遠感激並記住吉伯救過我的命。至於他打我的事，我想讓它隨著沙子的流動逐漸忘得一乾二淨。」

智慧沙：

牢記別人給予你的恩德，把它刻在石頭上，也刻在心裡，並在以後的日子裡，激勵你去幫助別人；刻意地忘掉對別人的怨恨，把這些雞毛蒜皮的小事從你的生活中忘掉，你將會在人生的道路上愈走愈寬闊。

⑩ 跨一步，就成功

出發之前，永遠只是夢想，上路了，才是挑戰。

——巴黎達卡越野拉力賽發起人澤利‧薩賓

打開通向要職的門

有位有智慧的國王想要選拔重要官員，他把文武百官領到一座誰也沒有見過的巨大的門前——這扇門不但是最大的，而且也是最重的。如果有誰能把它打開，國王就會把要職委任給他。

許多大臣見到大門後搖頭擺手，有的走近看看，有的則無動於衷。

只有一位大臣，他走到大門邊，用眼睛和手仔細檢查，然後又嘗試了各種方法。最後，他抓住一條沉重的鏈子一拉，這扇巨大的門開了。

國王說：「你將在朝廷中擔任要職。」

智慧沙：

很多時候，大門沒有完全關死，任何人只要有膽量去試一下就能打開它。世界上根本沒有任何阻隔我們走向成功的門，如果有，那門就在我們心中。

敲動生命的大鐵球

一位世界第一的推銷大師即將告別自己的職業生涯。他的告別大會吸引了保險界的五千多位精英前來參加。當許多人問他推銷的祕訣時，大師微笑著表示不必多說。

這時，全場燈光暗了下來。從會場一邊閃出四名彪形大漢，他們抬著一個下面垂著一顆大鐵球的鐵架子走上台。當現場的人丈二金剛摸不著頭腦時，大師走上前去，朝鐵球敲了一下，鐵球沒有動。隔了五秒，他又敲了一下，鐵球還是沒動，於是他每隔五秒就敲一下。如此持續不斷，鐵球還是沒有動。

這時，台下的人群開始騷動，甚至陸續離場而去。大師仍然靜靜地敲著大鐵球。人愈走愈多，留下來的人已經所剩無幾。終於，大鐵球開始慢慢晃動了。四十分鐘後，大力搖晃的鐵球，即使任何人的努力也不能使它停下來。

最後，大師面對僅剩的幾百人，與他們分享了他一生的成功經驗：成功就是簡單的事情重複去做。以這種持續的毅力每天進步一點點，當成功來臨時，你擋都擋不住。

我還欠董事長一張名片

祕書把名片交給董事長，董事長不耐煩地把名片丟了出去。

門外的業務員禮貌地說：「沒關係，我下次再來，請董事長留下我的名片。」

祕書又硬著頭皮把名片遞進去。董事長氣極了，把名片撕成兩半丟到垃圾桶裡，並且拿了五塊錢，發瘋似的說：「五塊錢買他一張名片，叫他走！」

祕書把五塊錢交給業務員，業務員又拿出一張名片說：「我的名片兩塊五毛錢一張，五塊錢可以買兩張，所以我還欠董事長一張名片。麻煩交給他。」

沒多久，辦公室傳出一陣笑聲。接著，董事長滿面笑容地走了出來，熱情地把業務員迎了進去。

智慧沙：

在追求成功的道路上，我們都在扮演著業務員的角色。堅持不懈，戰勝拒絕，你才會有成功的希望。

成功沒有捷徑

在一位著名企業家的報告會上，有位年輕人向企業家提出這樣一個問題：「請問您過去走過彎路沒有？能不能給我們年輕人指出一條成功直線，讓我們少走彎路呢？」

沒想到這位企業家乾脆俐落地回答：「我不承認自己走過什麼彎路，我只知道自己一直走在成功的路上。成功從來就沒有什麼捷徑，它就像登山一樣，哪有什麼直路可走？」

> 智慧沙：
>
> 每個人都想尋找一條更加省力的路到達山頂。但那些從山頂下來的人卻說：山上根本沒有什麼捷徑，所有的路都是彎彎曲曲的。想要到達頂峰，就要不斷地征服那些根本就看不到路的懸崖峭壁。

並非無路可走

一個喝醉酒的人走出酒店時，天色已經很晚了。他踉踉蹌蹌地尋找著回家的路。

他看見一條彎彎曲曲的路，就醉醺醺地朝前走。忽然「咚」地一聲，頭撞到了一個硬邦邦的東西。他被撞得兩眼直冒金星。

他朝後退了兩步，抬頭一看，原來是一塊路標，上面寫著「此路不通」。

醉漢眨了眨眼，定了定神，又糊里糊塗地走了一會兒，結果又來到了這塊路標前，不小心「咚」地把頭撞得很疼。他朝後退了兩步，抬頭一看，原來又是一塊路標，上面仍寫著「此路不通」。

醉漢定了定神，又糊里糊塗地走了起來，走著走著，頭又被「咚」地一聲撞痛了。原來，他又來到了這塊路標前，當然他並不知道。他摸摸頭上撞出的腫包，穩了穩神，又繼續走路。走著走著，頭又被「咚」地一聲碰痛了。他朝後退了幾步，抬頭一看，又是一塊路標。上面還是寫著「此路不通」。

「天哪，我被圍住啦！」醉漢絕望地喊道。

智慧沙：

不要只知道自己已經多次碰壁，不要老是斷言自己已經無路可走，問問自己：是不是在同一條路上來回繞圈子，忘記了還有其他的出路和方法。

減少不必要的損失

一隻蟬停在很高的樹上唱歌。狐狸很想吃蟬，想出了一個壞主意。

狐狸故意站在能看到蟬的地方，欣賞美妙歌聲，並勸牠下來，說想見識一下是什麼樣的動物可以有如此美妙的聲音。

蟬對狐狸的態度感到懷疑，就先折了一片樹葉丟下去。狐狸以為是蟬，立刻衝上去咬住，於是蟬說：「狐狸啊！你以為我會下去，那就錯了。自從我在狐狸的糞便中看到蟬的翅膀後，我就對狐狸特別小心，格外注意了。」

智慧沙：

從別人的失誤和毀滅中吸取經驗和教訓，減少不必要的損失。

讓理想轉個彎

他是一名農夫，從小的理想就是當作家，為此，他一如既往地努力著，十年來，堅持每天至少寫作五百字。每寫完一篇，他都改了又改，精心地加工潤色，然後再充滿希望地寄往各地的報紙雜誌。遺憾的是，儘管他很用功，可他從來沒有一篇文字得以發表，甚至連一封退稿信都沒收到過。

二十九歲那年，他總算收到了第一封退稿信。那是一位他多年來一直堅持投稿的一家刊物的編輯寄來的，信裡寫道：「看得出你是一名很努力的青年，但我不得不遺憾地告訴你，你的知

識面過於狹窄，生活經歷也顯得過於蒼白，不過我從你多年的來稿中發現，你的鋼筆字愈來愈出色……」

就是這封退稿信，點醒了他的困惑。他毅然放棄寫作，轉而練起了鋼筆書法，果真長進很快，現在他已是有名的硬筆書法家。

智慧沙：

一個人想要成功，理想、勇氣、毅力固然重要，但更重要的是，在錯綜複雜的人生路上，如遇到迷途，要懂得捨棄，更要懂得轉彎！

幸虧我們沒有錄用他

有一個日本青年，經過十多年的寒窗苦讀，終於從東京一所知名大學畢業。當時正值松下電器公司招聘一批基層管理人員，這次招聘，採取筆試與面試相結合的方式。參加報考的人數有好幾百個，經過一週的考試，成績出來了，並選出十位優勝者。

最後，松下幸之助會見十位錄取者時，發現有一位面試時曾給他留下深刻印象，且筆試成績也特別出色的年輕人未在其中。於是，他立即讓人複查考試情況。結果發現，這位年輕人的綜合成績名列第二，然而電腦在排列分數和名次時出了差錯，致使這位年輕人未被列入前十位。

這時，松下立即吩咐，給這位年輕人補發錄用通知書。但是，第二天松下卻得到一個驚人的消息：這位年輕人因沒有被錄取而跳樓自殺了。

後來，松下電器公司的許多人都說：「太可惜了，那麼一位有才幹的青年，卻沒有被我們錄取。」然而，松下卻不這樣認為，他說：「幸虧我們沒有錄用他。意志如此不堅強的人是很難成大事的。」

愛人之心

這是發生在英國的一個真實故事。

有位孤獨的老人，無兒無女，又體弱多病。他決定搬到養老院去。老人宣佈出售他漂亮的住宅，購買者蜂擁而至。住宅底價八萬英鎊，但人們很快就將它炒到了十萬英鎊，價錢還在不斷攀升。

老人深陷在沙發裡，滿目憂鬱。是的，要不是健康情況不行，他是不會賣掉這棟陪他度過大

半生的住宅的。

一個衣著樸素的青年來到老人眼前，彎下腰，低聲說：「先生，我也好想買這棟住宅，可我只有一萬英鎊。但是，如果您把住宅賣給我，我保證會讓您依舊生活在這裡，和我一起喝茶、讀報、散步，天天都快快樂樂的。相信我，我會用整顆心來照顧您！」

老人頷首微笑，把住宅以一萬英鎊的價錢賣給了他。

智慧沙：

完成夢想，不一定非得要冷酷地廝殺和欺詐。有時，你只要擁有一顆愛人之心，你就擁有了一切。

11 讓幸運來敲門

機會就像一扇迅速旋轉的轉門，當那個空檔轉到你面前時，你必須迅速擠進去。

——盛大總裁陳天橋

你還等什麼

一九七三年，英國利物浦市一個叫科萊特的青年，考入了美國哈佛大學，常和他坐在一起聽課的是一位十八歲的美國小夥子。大學二年級那年，這位小夥子和科萊特商議，一起退學，去開發 32Bit 財務軟體，因為新編教科書中，已解決了進位制路徑轉換問題。

當時，科萊特感到非常驚詫，因為他來這兒是求學的，不是來鬧著玩的。再說對 Bit 系統，墨爾斯博士才教了點皮毛，要開發 Bit 財務軟體，不學完大學的全部課程是不可能的。他委婉地拒絕了那位小夥子的邀請。

十年後，科萊特成為哈佛大學電腦系 Bit 方面的博士研究生，那位退學的小夥子也是在這一年，進入了美國《福布斯》雜誌億萬富豪排行榜。

一九九二年，科萊特繼續攻讀，讀到了博士後，那位美國小夥子的個人資產，在這一年僅次於華爾街大亨巴菲特，達到六十五億美元，成為美國第二富豪。

一九九五年，科萊特認為自己已具備了足夠的學識，可以研究和開發 32Bit 財務軟體了，而那位小夥子已繞過 Bit 系統，開發出新的財務軟體——Eip。它比 Bit 快一千五百倍，在兩週內就佔領了全球市場。

這一年小夥子成了世界首富，一個代表著成功和財富的名字——比爾·蓋茲也隨之傳遍全球的每個角落。

> **智慧沙：**
>
> 比爾·蓋茲在哈佛沒畢業就創業去了，假如他等到學完所有知識再去創辦微軟，他還會成為世界首富嗎？對一件事，如果等所有條件都成熟才行動，那麼他也許得永遠等下去了。

收集生命中的鵝卵石

一天晚上，一群游牧部落的牧民正準備安營紮寨休息時，忽然被一束耀眼的光芒所籠罩。他們知道神就要出現了。因此，他們滿懷殷切地期盼、恭候著來自上蒼的重要旨意。最後，神終於說話了：「你們要沿路多撿一些鵝卵石，把它們放在你們的馬褡子裡。明天晚上，你們會非常快樂，但也會非常懊悔。」

說完，神就消失了。牧民們感到非常失望，因為他們原本期盼神能夠給他們帶來無盡的財富

精華典藏版

和健康長壽，沒想到神卻吩咐他們去做這件毫無意義的事。但不管怎樣，那畢竟是神的旨意，他們雖然有些不滿，仍舊各自撿拾了一些鵝卵石，放在他們的馬褡子裡。

就這樣，他們又走了一天，當夜幕降臨，他們開始安營紮寨時，忽然發現他們放進馬褡子裡的每一顆鵝卵石竟然都變成了鑽石。他們高興極了，同時也懊悔極了，後悔沒有撿拾更多的鵝卵石。

智慧沙：

有許多眼前看似鵝卵石的東西被我們視如敝屣般地丟棄了，然而，有一天當我們需要它的時候，它就變成了鑽石，而我們卻不得不為以前丟棄它而懊悔不已。

誰說上帝沒來

有個信仰十分虔誠的老先生，夜裡夢見上帝次日要來拜訪他。老先生從夢中驚醒，非常高興，於是用心地計畫要如何款待上帝。

他費心準備了許多美食和珍貴的禮物等待上帝的到來。可是直到天黑，上帝都沒有來，等著等著，他睡著了。在夢中，他聽見上帝呼喚他，並謝謝他的招待。

老先生納悶地說：「上帝啊！我等了一整天，您都沒有來。為何還謝謝我？」

上帝說：「我今天已到你家三次。我就是喝你冰水的郵差、吃你美食的乞丐和收你禮物的孤

兒。」

智慧沙：

誰說上帝沒來？其實人人都是上帝，當然也包括我們自己。

取得之前先學會付出

有個人在沙漠中行走了兩天。途中遇到暴風沙。一陣狂沙吹過之後，他已認不得正確的方向。正當又累又渴快撐不住時，突然他發現了一幢廢棄的小屋，他拖著疲憊的身子走進了屋內。

這是一間不通風的小屋，裡面堆了一些枯朽的木材。他幾近絕望地走到屋角，卻意外地發現了一座抽水機。

他興奮地上前汲水，但任憑他怎麼抽水，也抽不出半滴。他頹然坐地，看見抽水機旁有一個用軟木塞堵住瓶口的小瓶子，瓶上貼了一張泛黃的紙條，紙條上寫著：你必須用水灌入抽水機才能引水！不要忘了，在你離開前，請再將水裝滿！他拔開瓶塞，發現瓶裡果然裝滿了水！

他的內心此時開始掙扎著：如果自私點，只要將瓶裡的喝掉，他就不會渴死，就能活著走出這間屋子！如果照紙條做，把瓶子裡的水倒入抽水機內，萬一水一去不回，他就會渴死在這個地方了……到底要不要冒險？

最後，他決定把瓶子裡的水，全部灌入看似破舊不堪的抽水機裡。他以顫抖的手汲水，水真的大量湧了出來！他將水喝足後，把瓶子裝滿水，用軟木塞封好，然後在原來那張紙條後面，再加上他自己的話：相信我，真的有用。在取得之前，要先學會付出。

智慧沙：

在取得之前，要先學會付出。一分付出，一分收穫。想要比別人收穫的多，你就必須比別人付出的多。

機會之神等待你繼續敲門

那是他第一次面試，也是他記憶最深刻的一次面試。

那天，他揣著一家著名廣告公司的面試通知，興沖沖地提前十分鐘到達了那座大廈的一樓大廳裡。當時他很有自信，因為他學業成績好，年年都拿獎學金。

廣告公司在這座大廈的十八樓。這座大廈管理很嚴，兩位精神抖擻的保安分立在兩個門口旁，他們之間的條形桌上有一塊醒目的標牌：「來客請登記。」

他上前詢問：「先生，請問一八一○室怎麼走？」保安拿起電話，過了一會兒說：「對不起，一八一○室沒人。」

116

「不可能吧，」他忙解釋：「今天是他們面試的日子，你看，我這裡有面試通知。」那位保安又拿起電話，一會兒後回答：「對不起，先生，一八一○室還是沒人；我們不能讓您上去，這是規定。」

時間一秒一秒地過去。他心裡雖著急，但也只有耐心地等待，同時祈禱該死的電話能夠接通。已經超過約定時間十分鐘了，保安又一次彬彬有禮地告訴他電話沒通。

他當時壓根也沒想到第一次面試就吃了這樣的「閉門羹」。面試通知明確規定：「遲到十分鐘，取消面試資格。」他猶豫了半天，只得自認倒楣地回到了學校。

晚上，他收到一封電子郵件：「先生，您好！也許您還不知道，今天下午我們就在大廳裡對您進行了面試，很遺憾您沒通過。您應當注意到那位保安先生根本就沒有撥號。大廳裡還有別的公用電話，您完全可以自己詢問一下。我們雖然規定遲到十分鐘取消面試資格，但您為什麼立即放棄而不再努力一下呢？祝您下次成功！」

智慧沙：

別輕易就放棄。有時候機會就隱藏在放棄與選擇的拐角處，再堅持一下，機會就屬於你了。

——機會之神正等待你繼續敲門。

你的心怎麼看待

有一個人，他生前善良且熱心助人，希望感受到幸福的味道，所以在他死後，升上天堂，做了天使。當了天使後，他仍時常到凡間幫助人，希望感受到幸福的味道。

一日，他遇見一個農夫，農夫的樣子非常苦惱，他向天使訴說：「我家的水牛剛死了，沒牠幫忙犁田，我怎麼下田耕作呢？」於是天使賜農夫一隻健壯的水牛，農夫很高興。天使在他身上感受到幸福的味道。

又一日，他遇見一個男人，男人非常沮喪，他向天使訴說：「我的錢被騙光了，沒盤纏回鄉。」於是天使給他錢作旅費，男人很高興。天使在他身上感受到幸福的味道。

又一日，他遇見一個詩人，詩人年輕、英俊，有才華且富有，並有一個溫柔貌美的妻子，但他卻過得不快活。天使問他：「你不快樂嗎？我能幫你嗎？」

詩人對天使說：「我什麼都有，只欠一樣東西，你能夠給我嗎？」

天使回答說：「可以，你要什麼我都可以給你。」

詩人直直地望著天使：「我要的是幸福。」

這下子把天使難倒了，天使想了想，說：「我明白了。」然後把詩人所擁有的都拿走了。

天使拿走詩人的才華，毀去他的容貌，奪去他的財產和他妻子的性命，天使做完這些事後便離去了。

一個月後，天使再回到詩人的身邊，他那時餓得半死，衣衫襤褸地躺在地上掙扎。於是，天使把他的一切還給他，然後又離去了。半個月後，天使再去看看詩人。這次，詩人摟著妻子，不斷向天使道謝。因為，他得到幸福了。

智慧沙：

幸福就在你面前。肚子餓時，有一碗熱麵放在你眼前，幸福；累得半死時，撲上軟軟的床，幸福；哭得要命時，旁邊遞來一張紙巾，幸福。幸福與否，端看你的心怎麼看待。

第二卷　生活有味

比起那種一味用陰暗的前景使自己的生活
樂趣失色的人，人們倒可以把一個經得住
一切事變的人視為一個更幸福的人。

哪裡有生活，哪裡就有幸福。愈往前去，
它就愈多，愈多。

智慧沙 精華典藏版

12 你在為誰工作

廿一世紀工作生存法則就是建立個人品牌，它能讓你把名字變成錢。

——美國管理學者華德士談「這是一個個人品牌的時代」

你為了什麼而工作

非洲的某個土著部落迎來了從美國來的旅遊觀光團，部落裡的人們雖然還沒有什麼市場觀念，可面對這樣好的賺錢商機，自然也不會放過。

部落中有一位老人，他正悠閒地坐在一棵大樹下，一邊乘涼，一邊編織著草帽，編完的草帽他會放在身前一字排開，供遊客們挑選購買。他編織的草帽造型非常別致，顏色的搭配也非常巧妙，可以稱得上是巧奪天工了，遊客們紛紛駐足購買。

這時，一位精明的商人看到老人編織的草帽，腦袋裡立刻盤算起來，他想：這樣精美的草帽如果運到美國，一定可以賣個好價錢，至少能獲利十倍吧。想到這裡，他不由得激動地對老人說：「朋友，這種草帽多少錢一頂呀？」

「十塊錢一頂。」老人向他微笑了一下，繼續編織草帽，他那閒適的神態，真的讓人感覺他不是在工作，而是在享受一種美妙的心情。

122

「天哪，如果我買一萬頂草帽回到國內去銷售的話，我一定會發大財。」商人欣喜若狂，不由得為自己的經商天才而沾沾自喜。他對老人說：「假如我在你這裡訂作一萬頂草帽的話，你每頂草帽給我優惠多少錢？」

他本以為老人一定會高興萬分，沒想到老人卻皺著眉頭說：「這樣的話啊，那就要一百元一頂了。」

每頂要一百元，這是他從商以來聞所未聞的事情呀！「為什麼？」商人朝著老人大叫。老人講出了他的道理：「在這棵大樹下，沒有負擔地編織草帽，對我來說是種享受，可是如果要我編一萬頂一模一樣的草帽，我就不得不夜以繼日地工作，這不僅疲憊勞累，還成了精神負擔。難道你不該多付我一些錢嗎？」

智慧沙：

當工作不能成為一種享受而成為一種循環往復的單調時，確實會令人感到乏味，但我們還是不得不為了特定的利益而奔走勞累。你為了什麼而工作？只有真正熱愛工作的人，才能從工作中享受到快樂。

不要為了忙而忙

朋友要在客廳裡掛一幅字畫，請來鄰居幫忙。字畫已經在牆上擺好，正準備釘釘子。鄰居說：「這樣不好，最好釘兩個木塊，把字畫掛在上面。」朋友聽從了鄰居的意見，讓他幫忙找來鋸子。但剛鋸兩三下，鄰居就說：「不行，這鋸子太鈍了，得磨一磨。」

於是鄰居丟下鋸子去找銼刀。銼刀拿來了，他又發現銼刀的柄壞了。為了給銼刀換一個柄，他拿起斧頭到樹林裡尋找小樹。就在要砍樹時，他發現那把生滿鐵鏽的斧頭實在是不能用，必須得磨一下。磨刀石找來後，鄰居又發現，要磨利那把斧頭，必須用木條把磨刀石固定起來。為此，他又去找木匠，說木匠家有現成的木條。

然而，這一走，朋友就再也沒有見鄰居回來。當然，那幅字畫，朋友還是一邊一個釘子把它釘在牆上。第二天，朋友在街上見到了鄰居，他正在幫木匠從五金商店裡往外搬一台笨重的電鋸。

我很重要

二戰後受到經濟危機的影響，日本失業人數陡增，工廠效益也很不景氣。一家瀕臨倒閉的食品公司為了起死回生，決定裁員三分之一。有三種人名列其中：一種是清潔工，一種是司機，一種是無任何技術的倉管人員。這三種人加起來有三十多名。

經理找他們談話，說明裁員意圖。

清潔工說：「我們很重要，如果沒有我們打掃衛生，沒有清潔優美、健康有序的工作環境，你們怎能全心投入工作？」

司機說：「我們很重要，沒有司機，這麼多產品怎能迅速銷往市場？」

倉管人員說：「我們很重要，戰爭剛剛過去，許多人掙扎在飢餓線上，如果沒有我們，這些食品豈不是要被流浪街頭的乞丐偷光！」

經理覺得他們說的話都很有道理，權衡再三決定不裁員，重新制定了管理策略。最後經理在公司門口懸掛了一塊大匾，上面寫著：我很重要！

從此，每天當職員們來上班，第一眼看到的便是「我很重要」這四個字。不管是基層員工還是白領階層，都認為老闆很重視他們，於是非常賣命地工作。這句話調動了全體職員的積極性，一年後公司迅速崛起，成為日本有名的公司之一。

天堂與地獄

有個人死後，在前往閻羅殿的路上，發現了一座金碧輝煌的宮殿。宮殿的主人請他留下來居住，這個人回答說：「我在人世間辛辛苦苦地碌了一輩子，現在只想吃和睡，我討厭工作。」

宮殿主人說道：「若真是這樣，那麼世界上再也沒有比這裡更適合你居住的了。我這裡有山珍海味，你想吃什麼就吃什麼，不會有人來阻止你。我這裡有舒服的床鋪，你想睡多久就睡多久，不會有人來打擾你。而且，我保證沒有任何事情需要你做。」

於是，這個人就住了下來。

剛開始的一段日子，這個人吃了睡，睡了吃，他感到非常快樂。但漸漸地，他覺得有些寂寞和空虛了，便跑去見宮殿主人，抱怨道：「這種每天吃吃睡睡的日子，過久了也沒意思。我對這種生活已經提不起一點興趣了。你能否為我找一個工作？」

宮殿的主人答道：「對不起，我們這裡從來就不曾有過工作。」

又過了幾個月，這個人實在忍不住了，又跑去見宮殿的主人：「這種日子我實在受不了了。

如果你不給我工作，我寧願下地獄，也不要待在這裡。」

宮殿的主人輕蔑地笑了：「你認為這裡是天堂嗎？這裡本來就是地獄啊！」

智慧沙：

不想工作的人無法找到天堂。沒有誰比那些整天無所事事的人更累、更無聊了，因為他們找不到休息的辦法。工作雖然累，但它卻充滿了情趣，讓人富有生機和活力。

自動自發

兩匹馬各拉一輛大車。前面的一匹走得很好，後面的一匹卻常常停下來。於是主人就把後面一輛車上的貨挪到前面一輛車上去。等到把車上的東西都搬完了，後面那匹馬便輕快地前進起來。牠對前面那匹馬說：「你辛苦吧，流汗吧，你愈是努力，主人愈是要折磨你。」

來到車馬店的時候，主人想：既然只用一匹馬拉車，我養兩匹馬做什麼？不如好好地餵養一匹，把另一匹宰掉，總還能拿到一張皮吧。於是，後面的那匹馬被殺了，前面的馬留了下來。

127

建造自己的房子

智慧沙：

如果想登上事業的成功巔峰，你就得永遠保持自動自發的精神——即使面對缺乏挑戰或毫無樂趣的工作，也能全力以赴。當你養成了這種習慣，你就能獲得工作中所向披靡的利器，獲得自己想要的快樂和尊重。

一個老木匠就要退休了，他告訴老闆他要離開建築業，然後和家人享受一下輕鬆自在的生活。老闆實在捨不得這麼好的木匠離去，因此希望他能在離開前再蓋一棟按自己風格設計的房子。

木匠答應了。不過不難發現這一次他並沒有很用心地蓋這棟屋子，只是草草地用了劣質材料，就把這間屋子蓋好了。其實，用這種方式來結束他的事業生涯，實在是有點不妥。

房子蓋好了，老闆來檢視了房子，然後把大門的鑰匙交給這個木匠說：「感謝你跟隨我這麼多年，這間按你自己風格設計的房子是我送給你的禮物！」

智慧沙：

想一下你的房子，每當你拿錘子釘下釘子，放置木板或豎一面牆的時候，其實就是在營造自己的生活。成就每一天就是在成就自己的未來。

索取的成為乞丐

有兩個人死後來到了陰曹地府，閻王查看過功德簿後說：「你們倆前世未做大惡，准許投胎為人。但是現在只有兩種人可供選擇：付出的人和索取的人。也就是說，一個人必須過不斷付出、給予的人生，另一個則必須過索取、接受的人生。」

甲暗想：索取、接受就是坐享其成，太舒服了！於是他搶先道：「我要過索取、接受的人生。」乙見此情景，別無選擇，就表示甘願過不斷付出、給予的人生。

結果，甲要過索取、接受的人生，投胎轉世後，成了一個乞丐，每天都在索取和接受。而乙呢，因為選擇過付出、給予的人生，轉世後，成了一個富人，每天都在給予和付出。

智慧沙：

世間絕沒有無付出的回報，也絕沒有無回報的付出。一個人付出的多少，決定了他成就的大小。

擁有心中那塊土地

有位護士剛從學校畢業，在一家醫院實習，如果這期間能讓院方滿意，便可獲得一份正式工作，否則就得離開。

一天，一位因車禍而生命垂危的病人需要手術，這位實習護士被安排作外科手術專家、院長亨利教授的助手。當手術將完，患者傷口即將縫合時，這位護士突然嚴肅地對院長說：「亨利教授，我們用了十二塊紗布，可是您只取出了十一塊。」院長不屑一顧地回答說：「我已經全部取出了，不要多說，立即縫合。」

「不！」這位護士高聲抗議道：「我們確實用了十二塊紗布。」院長對此不加理睬，命令道：「聽我的，準備縫合。」

這位實習護士聽到後，幾乎大叫起來：「你是醫生，你不能這樣做！」直到這時，院長冷漠的臉上才浮出一絲微笑。他舉起手心裡握著的第十二塊紗布，高聲宣佈道：「她是我最合格的助手。」

不用說，這位實習護士理所當然地獲得了這份工作。如果在當時，這位實習護士不堅持真理，不嚴肅對待，而是去迎合院長、服從院長，其結局會怎樣呢？毋庸置疑，她將會失去這份正式工作。

吹出最美的笛聲

在一座小城裡，住著一個年輕人，以賣炊餅維生。他白天賣炊餅，晚上便吹笛子自娛自樂。

因此，每天晚上悠揚笛聲都能從他的屋裡傳出來，他活得很自在，也很快樂，臉上時常掛著笑容。

他的鄰居是個大商人，覺得他為人老實，就借給他一萬貫銅錢，叫他做大生意，不要再賣炊餅了。從此，這個賣炊餅的人便白天忙生意，晚上忙算帳。只聞他屋裡算盤響，再也聽不到悠揚悅耳的笛聲。

而他在白天做生意時，心情也不好，既害怕出錯，又擔心虧本。過了些日子，他實在不願再過這種心無寧靜的日子，便把錢如數還給鄰居，又做起了賣炊餅的小生意。每逢晚上，他的屋裡又傳出了美妙的笛聲。

智慧沙
精華典藏版

智慧沙：

不要強迫自己去做不願意做的事情，不要強迫自己去過適應不了的生活。要想生活得自由自在，就得選擇適合自己的生活與工作環境。只有如此，我們才會活得有滋有味。

挖一口真正屬於自己的井

有兩個和尚分別住在相鄰的兩座山上的廟裡。這兩座山之間有一條溪水，這兩個和尚每天都會在同一時間下山到溪邊挑水，久而久之他們成了好朋友。

就這樣，時間在每天挑水中不知不覺經過了五年。突然有一天，左邊這座山的和尚沒有下山挑水，右邊那座山的和尚心想：「他大概睡過頭了。」便沒當回事。

哪知第二天，左邊這座山的和尚還是沒有下山挑水，第三天也一樣。過了一個星期還是一樣，直到過了一個月，右邊那座山的和尚終於受不了，他心想：我的朋友可能生病了，我要過去拜訪他，看看能幫上什麼忙。於是他便爬上了左邊這座山，去探望他的老朋友。

等他到了左邊這座山的廟裡，看到他的老友之後大吃一驚，因為他的老友正在廟前打太極拳，一點也不像一個月沒喝水的人。他很好奇地問：「你已經一個月沒有下山挑水了，難道你可以不用喝水嗎？」

左邊這座山的和尚說：「來來來，我帶你去看。」於是他帶著右邊那座山的和尚走到廟的後

132

院，指著一口井說：「這五年來，我每天做完功課後都會抽空挖這口井，即使有時很忙，能挖多少就算多少。一個月前我終於挖出井水，從此不用再下山挑水，我可以有更多時間練我喜歡的太極拳了。」

智慧沙：

我們現在領的薪水再多，那都是挑水。把握下班後的時間，挖一口真正屬於自己的井，這才是你要做的大事——未來當年紀大了，體力拼不過年輕人了，還是有水喝，而且還喝得很悠閒。

討主人喜歡

有戶人家養了一條狗、一隻貓。

狗是勤快的。每天，當主人家中無人時，狗便豎起耳朵，虎視眈眈地巡視主人家的周圍，哪怕有一丁點的動靜，狗也要狂吠著疾奔過去，就像一名盡忠職守的員警，兢兢業業地為主人做著看家護院的工作。

但是，每當主人家有人時，牠的精神便稍稍放鬆了，有時還會伏地沉睡。於是，在主人家的每一個人眼裡，這條狗都是懶惰的，極不稱職的，便也經常不餵飽牠，更別提獎賞牠好吃的了。

貓是懶惰的。每當家中無人時，便伏地大睡，哪怕三五成群的老鼠在主人家中肆虐，牠也沒

反應。直到睡飽了，牠才到處散散步，活動活動筋骨。等主人家中有人時，牠的精神也養好了，這兒瞅瞅那兒望望，也像一名盡忠職守的員警，時不時地，還要去給主人舔舔腳、逗逗趣。在主人的眼中，這無疑是一隻極勤快、極盡職的貓，好吃的自然給了牠。

然而，由於貓的不盡職，主人家的老鼠愈來愈多。終於有一天，老鼠咬壞了主人家唯一值錢的家當，惹得主人相當震怒。他召集家人說：「你們看看，我們家的貓這麼勤快，老鼠還猖狂到這種地步，我認為一個重要的原因就是那條懶狗，牠整天睡覺也不幫貓捉幾隻老鼠，所以我鄭重宣佈，將狗趕出家門，再養一隻貓。大家意見如何？」

家人紛紛附和說，這條狗真夠懶的，每天只知道睡覺，你看貓，多勤快呀，抓老鼠吃得多胖，都有些走不動了。是該將狗趕走，再養一隻貓。於是，狗被趕出了家門。自始至終，牠都不明白被趕走的原因。牠只看到，那隻肥貓在牠身後竊竊地、輕蔑地笑。

⑬ 態度決定一切

並不是因為事情難我們不敢，而是因為我們不敢事情才難。

——羅馬哲學家塞涅卡

做個積極的解夢人

一位秀才第三次進京趕考，考試前兩天他做了三個夢。第一個夢他夢到自己在牆上種了顆白菜，第二個夢他夢到自己在下雨天戴著斗笠還打著傘，第三個夢他夢到自己跟心愛的表妹躺在一起，但卻是背靠背。

這三個夢似乎有些深奧，秀才第二天趕緊找算命先生解夢。算命的一聽，連拍大腿說：「你還是回家吧。你想想，高牆上種菜不是白費勁嗎？戴斗笠打雨傘不是多此一舉嗎？跟表妹躺在一張床上卻背靠背，這不是沒戲嗎？」

秀才一聽，心灰意冷，回到入住的客棧收拾包袱準備回家。店老闆覺得奇怪，於是問道：「不是明天才考試嗎，怎麼今天你就回鄉了？」秀才如此這般說了一番。

店老闆樂了：「我也會解夢的，我倒覺得你這一次一定要留下來。你想想，牆上種菜不是高中嗎？戴斗笠打傘不是說明你這次有備無患嗎？跟你表妹背靠背躺在床上，不是說明你翻身的時候

就要到了嗎？」

秀才一聽，覺得這番解析更有道理，於是精神振奮地參加了考試。結果，他竟然中了個探花。

智慧沙：

態度決定我們的生活，想要有好的生活，首先要擁有好的生活態度。

你能有什麼辦法

有個人嗜酒如命且毒癮甚深，有一次差點把命都斷送了——因為在酒吧裡看一位酒保不順眼而殺了這個人，他被判終身監禁。

這個人有兩個兒子，年齡只相差一歲。其中一個跟父親一樣有很重的毒癮，靠偷竊和勒索維生，也因犯了殺人罪而坐牢。但另外一個兒子可就不一樣了，他擔任一家大企業的分公司經理，有美滿的婚姻，有三個可愛的孩子，既不喝酒更未吸毒。

為什麼有同樣的一個父親，在完全相同的環境下長大，兩個人卻有著不同的命運呢？一次訪問中，記者問起造成他們現狀的原因，兩人竟是同樣的答案：「有這樣的父親，我還能有什麼辦法？」

136

拼對你的世界地圖

美國一位牧師正在家裡準備第二天的布道。他的小兒子在屋裡吵鬧不止，令人不得安寧。牧師從一本雜誌上撕下一頁世界地圖，然後撕成碎片，丟在地上說：「孩子，如果你能將這張地圖拼好，我就給你一塊錢。」

牧師以為這件事會使兒子花費一個上午的時間，但是沒過十分鐘，兒子就敲響了他的房門。

牧師驚愕地看到，兒子手中捧著已經拼好了的世界地圖。

「你是怎樣拼好的？」牧師問道。

「這很容易。」孩子說：「在地圖的另一面有一個人的照片。我先把這個人的照片拼到一起，再把它翻過來。我想，如果這個人是正確的，那麼世界地圖也就是正確的。」

牧師微笑著給了兒子一塊錢，說道：「你已經替我準備好了明天的布道，如果一個人是正確的，他的世界就是正確的。」

智慧沙
精華典藏版

智慧沙：

如果你是對的，你的世界就是對的。如果你能把你的世界地圖拼對了，那麼你的人生旅程也會因此豐盈圓滿。

千萬別開錯窗

一個小女孩趴在窗台上，看窗外的人正在埋葬她心愛的小狗，不禁淚流滿面，悲慟不已。

她的祖父見狀，連忙引她到另一個窗口，讓她欣賞他的玫瑰花園。果然小女孩的愁雲為之一掃，心境頓時明朗。

老人托起外孫女的下巴說：「孩子，妳剛才開錯了窗戶。」

智慧沙：

人生路上，我們也常常會開錯「窗」。不同的「窗口」，有不同的背景和不同的劇情，也會帶給我們不同的心態。人生路上，有的「窗」可以打開，有的「窗」不可以打開。

138

決定權在你

有兩個台灣觀光團到日本伊豆半島旅遊，路況很差，到處都是坑洞。

其中一位導遊連聲抱歉，說路面簡直像麻子一樣。另一個導遊卻詩意盎然地對遊客說：「諸位先生、女士，我們現在走的這條路正是赫赫有名的伊豆迷人酒窩大道。」

> 智慧沙：
>
> 雖是同樣的情況，但不同的意念卻會產生不同的態度。思想是何等奇妙的事，如何去想，決定權在你。

在馬糞中尋找小紅馬

有位父親想要對一對攣生兄弟作「性格改造」，因為其中一個過分樂觀，而另一個則過分悲觀。一天，他買了許多色澤鮮豔的新玩具給悲觀孩子，又把樂觀孩子送進了一間堆滿馬糞的車房裡。

第二天清晨，父親看到悲觀孩子正泣不成聲，便問：「為什麼不玩那些玩具呢？」

「玩了就會壞的。」孩子仍在哭泣。

父親嘆了口氣，走進車房，卻發現那樂觀孩子正興高采烈地在馬糞裡掏著什麼東西。

「告訴你，爸爸。」那孩子得意洋洋地向父親宣稱：「我想馬糞堆裡一定還藏著一匹小紅馬呢！」

智慧沙：
樂觀者與悲觀者之間的差別是很有趣的：樂觀者看到的是油炸圈餅，悲觀者看到的是一個窟窿。

沒有所謂的天才與笨蛋

若干年前，羅伯特博士在哈佛大學主持一項為期六週的「老鼠通過迷陣吃乾酪」實驗。實驗的對象是三組學生與三組老鼠。

他對第一組的學生說：「你們太幸運了，因為你們將跟一大群天才老鼠在一起。這群老鼠非常聰明，牠們將迅速通過迷陣抵達終點，然後吃許多乾酪，所以你們必須多買一些乾酪放在終點餵牠們。」

他對第二組的學生說：「你們將和一群普通的老鼠在一起。這群老鼠雖不太聰明，但也不太愚笨，牠們最後還是會通過迷陣抵達終點，然後吃一些乾酪。只是因為牠們的智慧平平，所以不

要對牠們期望太高。」

他對第三組的學生說：「很抱歉！你們將跟一群愚笨的老鼠在一起。這群老鼠笨極了。因此，牠們的表現會很差，如果牠們能通過迷陣到達終點，那是意外，所以你們根本不用準備乾酪。」

六個星期之後，實驗結果出來了。天才老鼠迅速通過迷陣，很快就抵達終點；普通老鼠也到達了終點，不過速度很緩慢。至於愚笨的老鼠，只有一隻通過迷陣，找到終點。

有趣的是，在這項實驗中，根本沒有所謂的天才老鼠與愚笨老鼠，牠們通通是一窩普通的老鼠。

試著掙脫拴住你的鐵鏈

小象出生在馬戲團中，牠的父母也都是馬戲團中的老演員。

小象很淘氣，總想到處跑動。工作人員在牠腿上拴上一條細鐵鏈，另一頭繫在鐵柱上。小象

對這根鐵鏈很不習慣，牠用力去掙，掙不脫，無奈的牠只好在鐵鏈範圍內活動。

過了幾天，小象又試著想掙脫鐵鏈，可還是沒有成功，牠只好悶悶不樂地老實下來。一次又一次，小象不管怎麼掙脫，就是掙脫不了鐵鏈。慢慢地，牠不再去試了，牠習慣鐵鏈了，再看看父母也是一樣嘛，好像本來就應該是這個樣子。

小象一天天長大了，以牠此時的力氣，掙斷那根小鐵鏈簡直不費吹灰之力，可是牠從來沒想過。牠認為那根鏈子對牠來說牢不可破，這個強烈的心理暗示早已深深地植入牠的記憶中。

一代又一代，馬戲團中的大象們就這樣被一根有形的小鐵鏈和一根無形的大鐵鏈拴著，活動在一個固定的小範圍中。

智慧沙：

時勢不斷變化，當初做不到的事，今天可能會輕而易舉地做到；當初能辦到的事，今天可能就難以辦到。無論如何，關鍵是心中不要存下一個一成不變的概念。

不過一碗飯，不過一念間

兩個不如意的年輕人，一起去拜望師傅：「師傅，我們在辦公室被欺負，太痛苦了，求你開示，我們是不是該辭掉工作？」兩個人一起問。

師傅閉著眼睛，隔半天，吐出五個字：「不過一碗飯。」就揮揮手，示意年輕人退下了。

一回到公司，一個人就遞上辭呈，回家種田，另一個人則安然不動。

日子真快，轉眼十年過去了。回家種田的以現代方法經營，加上品種改良，居然成了農業專家。另一個留在公司的也不差，他忍著氣，努力學，漸漸受到器重，成了經理。

有一天兩個人相遇了⋯⋯

「奇怪，師傅給我們同樣『不過一碗飯』這五個字，我一聽就懂了。不過一碗飯嘛，日子有什麼難過？何必硬待在公司？所以我就辭職了！」農業專家問另一個人⋯⋯「為什麼你當時沒有聽師傅的話呢？」

「我聽了啊，」那經理笑道：「師傅說『不過一碗飯』，多受氣，多受累，我只要想，不過為了混口飯吃，老闆說什麼是什麼，少賭氣，少計較，就成了，師傅不是這個意思嗎？」

兩個人又去拜望了師傅，師傅已經很老了，仍然閉著眼睛，隔半天，回答了五個字：「不過一念間。」然後揮揮手⋯⋯

智慧沙：

很多事，真的是一念之間！成敗就在一念之間，苦樂就在一念之間。所以，在決定做什麼事時，要多想想才行。

花兒努力地開

有個人想學醫，可是又猶豫不決，就去問他的一個朋友：

朋友對他說：

「再過四年，我就四十四歲了，還行嗎？」

「怎麼不行呢？你不學醫，再過了四年，你也是四十四歲啊！」

朋友的話使他頓悟，第二天他就報了名。

智慧沙：

花兒總是在努力地開，美好的日子也在一天天地往前流。你是要痛苦地挨過一個個日子，還是願意欣喜地度過每一天？生活就是這樣，如果你能以一種豁達開朗、樂觀向上的心態去構築每一天，你的日子就會變得燦爛而光明。

心存感恩海闊天空

一次，美國前總統羅斯福家被盜，丟了許多東西，一位朋友聞訊後，忙寫信安慰他，勸他不必太在意。

羅斯福給朋友寫了一封回信：「親愛的朋友，謝謝你來信安慰我，我現在很平安。感謝上帝：因為第一，賊偷去的是我的東西，而沒有傷害我的生命；第二，賊只偷去我部分的東西，而不是全部；第三，最值得慶幸的是，做賊的是他，而不是我。」

> 智慧沙：
>
> 生活就是一面鏡子，你笑，它也笑；你哭，它也哭。感恩不純粹是一種心理安慰，也不是對現實的逃避，它是一種歌唱生活的方式，它來自對生活的愛與希望。

在人心靈中灑一片陽光

一九三〇年代，每天早晨一位猶太傳教士總是按時到一條鄉間土路上散步。無論見到任何人，總是熱情地打一聲招呼：「早安！」

其中，有個叫米勒的年輕農夫，對傳教士這聲問候起初反應冷漠——在當時，當地的居民對傳教士和猶太人的態度是很不友好的。然而，年輕人的冷漠，未曾改變傳教士的熱情，每天早上，他仍然給這個一臉冷漠的年輕人道一聲早安。終於有一天，這個年輕人脫下帽子，也向傳教士道一聲：「早安。」

好幾年過去了，納粹黨上台執政。這一天，傳教士與村中所有的人，被納粹黨集中起來，送

往集中營。在下火車、列隊前行的時候，有一個手拿指揮棒的指揮官在前面揮動著棒子，叫道：

「左，右。」

傳教士的名字被這位指揮官點到了，他渾身顫抖，走上前去。當他無望地抬起頭來，視線一下子和指揮官的對上了。

傳教士習慣的脫口而出：「早安，米勒先生。」

米勒先生雖然沒有過多地表情變化，但仍禁不住回了一句問候：「早安！」聲音低得只有他們兩人才能聽到。最後的結果是：傳教士被指向了右邊，意思是生還者。

被指向左邊的是死路一條，被指向右邊的則還有生還的機會。

智慧沙：

往往一個熱情的問候和溫馨的微笑，就足以在人的心靈中灑下一片陽光。不要低估了一句話、一個微笑的作用，它會成為開啟你幸福之門的一把鑰匙，成為你走上柳暗花明之境的一盞明燈。

146

14 一生只做一件事

把每件平凡的事做好就是不平凡。

——海爾總裁張瑞敏

你會游泳嗎

博士乘船過河，在船上與船夫閒談。

「你懂文學嗎？」博士問船夫。

「不懂。」船夫答道。

「那麼歷史呢？」博士又問。

「也不懂。」船夫說。

「那麼地理、生物、數學呢？你總會其中的一樣吧。」

「不，我一樣也不會。」

博士於是感嘆起來：「一無所知的人生啊，將是多麼可悲！」

正說著，忽然一陣大風吹來，河中心波濤滾滾，小船危在旦夕。

於是船夫問博士：「你會游泳嗎？」

博士愣住了：「我什麼都會，就是不會游泳。」

話還未說完，一個大浪打來，船翻了，博士和船夫都落入了水中。船夫憑著嫻熟的游泳技術救起了奄奄一息的博士。

這時船夫對博士說：「我什麼都不會，可是沒有我，你現在早就淹死了。」

你的著力點放在哪裡

在一次空手道表演賽中，黑帶高手以七段的實力，徒手劈開十餘塊疊在一起的實心木板，贏得觀眾熱烈的喝彩與掌聲。觀眾席中，一個小男孩也想試試。黑帶高手於是將十餘塊木板疊了起來，親切地拍著小男孩的肩膀，問他：「如果你想劈開這疊木板，你的著力點會放在哪裡？」

小男孩指著木板的中心：「這裡，我想一定要打在中心。」

空手道高手笑道：「你將著力點放在最上面這塊木板的中心，當你的掌擊中那一點時，將遭受同等力道的反擊，讓你的手反彈且疼痛不已。」

148

小男孩不解地問：「那究竟應該把著力點放在哪個部分？」

空手道高手指著最下面的那塊木板的下方：「這裡，把你所有的注意力都集中到木板的下面，你一定要想著自己將要達到這個地方。這樣，木板對你來說就不是一個障礙。」

把一字臨摹到爐火純青

明朝萬曆年間，中國北方的女真族經常犯邊。皇帝為了要抗禦強敵，決心整修萬里長城。當時號稱天下第一關的山海關，早已年久失修，其中「天下第一關」的「一」字，已經脫落多時。

萬曆皇帝募集各地書法名家，希望恢復山海關的本來面貌。

各地名士聞訊，紛紛前來揮毫，但是沒有一人的字能夠表達「天下第一關」的原味。皇帝於是再下詔，只要能夠雀屏中選的，就能夠獲得最大的重賞。經過嚴格的篩選，最後中選的，竟是山海關旁一家客棧的店小二，真是跌破大家的眼鏡。

在題字當天，會場被擠得水洩不通，官家也早就備妥了筆墨紙硯，等候店小二前來揮毫。只

見主角抬頭看著山海關的牌樓，捨棄了狼豪大筆不用，拿起一塊抹布往硯台裡一沾，大喝一聲：

「一！」十分乾淨俐落，立刻出現絕妙的「一」字。旁觀者莫不給予驚嘆的掌聲。

有人好奇地問他：「為何能夠如此成功？」他久久無法回答。後來勉強答道：「其實，我想不出有什麼祕訣，我只是在這裡當了三十多年的店小二，每當我在擦桌子時，我就望著牌樓上的『一』字，一揮一擦就這樣而已。」

原來這位店小二的工作地點，正好面對山海關的城門，每當他彎下腰，拿起抹布清理桌上的油汙之際，剛好對準「天下第一關」的一字。因此，他不由自主地天天看、天天擦，數十年如一日，久而久之，就熟能生巧、巧而精通，這就是他能夠把這個「一」字，臨摹到爐火純青、唯妙唯肖的原因。

智慧沙：

練習造就完美，熟練才能精通。因為熱忱，所以能夠投入強大的動力與能量；因為專注，才能心無旁騖勇往直前；因為熱忱與專注，才能達到專業與精通的境界。

先把事情做對

一個小徒弟拜師學理髮。徒弟很聰明，學得很認真，手腳也靈活，深得師傅喜歡。學習刮臉

150

刮鬍子時，師傅先讓他在一個大葫蘆瓜上練習。小徒弟一招一式地練，動作很細很輕，頗得師傅，就是養成了一個壞習慣：每次練習完畢，刮刀總是往瓜蒂上一甩，將刀留在瓜的蒂頭上。

師傅一次一次地糾正他，他總不以為然，笑著說：「這是瓜，不是人，有啥關係？」就這樣，小徒弟「畢業」了。

獨立為第一位顧客理髮時，他告誡自己，此刻刮的是人的腦袋，不是瓜，千萬別再扎刀了。

他邊想著邊欣賞自己的傑作，「嗤」地一聲，刀落到顧客腦袋上了。

> 智慧沙：
>
> 無論做什麼，前提是先把事情做對，然後再追求做好、做精。習慣成自然，培養好習慣就是「先做對」。你的好習慣愈多，你離成功就會愈近，你的命運就是由你的習慣決定的。

所長無用

有個魯國人擅長編草鞋，他妻子擅長織白絹。他想遷到越國去。

友人對他說：「你到越國去，一定會貧窮的。」

「為什麼？」

「草鞋，是用來穿著走路的，但越國人習慣赤足走路；白絹，是用來做帽子的，但越國人習

慣披頭散髮。憑你的長處，到用不到你的地方去，這樣要使自己不貧窮，難道可能嗎？」

遵循自然之道

七個旅行者和一個生物學家嚮導，結隊到南太平洋的加拉巴哥島。那個海島上有許多太平洋綠海龜，他們想實地觀察一下幼龜是怎樣離巢進入大海的。

太平洋綠龜的體重約一百五十公斤左右，幼龜不及這體重的百分之一，牠們一般在四、五月間離巢而出，爭先恐後爬向大海。只是，從龜巢到大海需要經過一段不短的沙灘，稍不留心便可能成為鷹等食肉鳥的食物。

那天上島時，已近黃昏，他們很快就發現一處大龜巢。突然，他們看見一隻幼龜率先把頭探出巢穴，卻又欲出而止，似乎在偵察外面是否安全。正當幼龜踟躕不前時，一隻鷹突然從空中直撲而下，牠用利嘴啄龜的頭，企圖把牠拉到沙灘上。

旅行者們緊張地看著眼前的一幕，其中一位焦急地問嚮導：「你得想想辦法啊！」嚮導卻若

無其事地答：「叼就叼去吧，自然之道，就是這樣。」

嚮導的冷淡，招來了旅行者們一片「不能見死不救」的呼喚。於是嚮導極不情願地抱起小龜，把牠引向大海。然而，接著發生的事卻使他們極為震驚——嚮導抱走幼龜不久，成群的幼龜從巢口魚貫而出——那隻小龜原來是龜群的「偵察兵」！一旦遇到危險，牠便會返回龜巢。現在做偵察的幼龜被引向大海，巢中的幼龜得到錯誤資訊，以為外面很安全，於是爭先恐後地結伴而行。

沙灘上無遮無擋，很快引來許多食肉鳥，牠們確實可以飽餐一頓了。

「天啊！」有個旅行者說：「看我們做了什麼！」

這時，數十隻幼龜已成了鷹、海鷗的口中之物，嚮導趕緊脫下頭上的棒球帽，迅速抓起十幾隻幼龜，放進帽中向海邊奔去。旅行者也學著他的樣子，氣喘吁吁地來回奔跑，算是對自己過錯的一種補救吧。

看著數十隻食肉鳥吃得飽飽的，發出歡樂的叫聲，旅行者們都低垂著頭，嚮導發出悲嘆：

「如果不是我們人類，這些海龜根本就不會受到危害。」

智慧沙：

「遵循自然之道」明智。

人是萬物之靈。然而，當人自作聰明時，一切都可能走向反面。所以，一切選擇都比不上

⑮ 學會選擇，學會放棄

決定我們是誰的，不是我們的能力，而是我們的選擇。

—— 《哈利波特》的鄧不利多校長

推開那扇門就是馬路

為了解決自己的婚姻問題，一位先生走進了一家取名為「愛情」的婚姻介紹所。一位工作人員把他領進了屋，對他說：「現在，請您到隔壁的房間去，那裡有許多門，每一扇門上都寫著您所需要的對象的資料，以便供您選擇。祝您好運！」先生謝過了工作人員，向隔壁的房間走去。

裡面的房間裡有兩扇門，第一扇門上寫著「終身的伴侶」，另一扇門上寫著「至死不變心」。先生忌諱那個「死」字，於是便邁進了第一扇門。

接著，又看見兩扇門，右側寫的是「淺黃色的頭髮」。應當承認，不知道為什麼，男士總是比較喜歡長著淺黃色頭髮的女性。於是，先生便推開了右側的那扇門。

進去以後，還有兩扇門，左邊寫著「年輕美麗的姑娘」，右邊則是「富有經驗、成熟的婦女和寡婦們」。可想而知，先生進入了左邊的那扇門。

可是，進去以後，又有兩扇門，上面分別寫的是「疼愛自己的丈夫」和「需要丈夫隨時陪伴

她」。之後還有「雙親健在」和「舉目無親」。「忠誠、多情、缺乏經驗」和「天才、具有高度的智力」。先生都一一作了選擇。

最後的兩扇門對男士來說，是一個極為重要的抉擇。上面分別寫的是「有遺產，或富裕，有一棟漂亮的住宅」和「憑工資吃飯」。理所當然地，先生選擇了前者。

當先生還準備繼續選擇而推開那扇門時，天啊……他已經上了馬路了！

有位工作人員向先生走來，他交給先生一封信，信上寫著：「對不起，您的要求太高了，我們這裡沒有適合您的。」

選擇什麼得到什麼

美國人、法國人、猶太人，這三個人即將被關進監獄三年，監獄長說可以答應他們每個人一個要求。美國人愛抽雪茄，要了三箱雪茄。法國人最浪漫，要了一個美麗的女子相伴。而猶太人說，他要擁有一部與外界溝通的電話。

三年過後，第一個衝出來的是美國人，他嘴裡、鼻孔裡塞滿了雪茄，還大喊道：「給我火，

「給我火！」原來他忘了帶火了。

接著出來的是法國人。只見他手裡抱著一個小孩子，美麗女子手裡牽著一個小孩子，肚子裡還懷著第三個。法國人正愁眉苦臉地準備著如何讓孩子們長大成人。

最後出來的是猶太人，他緊緊握住監獄長的手說：「感謝你讓我擁有一部電話，這三年來我每天與外界聯繫，我的生意不但沒有停頓，反而還增長了很多，為了表示感謝，我送你一輛勞斯萊斯！」

智慧沙：

什麼樣的選擇決定什麼樣的生活，什麼樣的目標導致什麼樣的結果。今天的生活現狀是由三年前我們的選擇決定的，而今天我們的選擇將決定我們三年後的生活。選擇永遠是你將來生活的底片。

接受大師的刀刻斧切

安置在廟裡的一座神像，每天受到信徒的頂禮膜拜。它享受著尊崇的地位和榮耀，香火和供奉也紛至沓來。木魚卻沒有這樣的優厚待遇，它被放在神桌前，隨著和尚早課晚課的誦經聲，不斷地被敲打著……

人生總有缺憾

有個人有一張出色的、由檀木做成的弓。他非常珍惜這張弓——用它射箭又遠又準。

有一次，這個人一邊觀察一邊想：這弓還是有些笨重，外觀也無特色，請藝術家在弓上雕一些圖畫好了。

他請藝術家在弓上雕了一幅完整的行獵圖。拿著這張完美的弓時，他心中充滿了喜悅。「你終

> 智慧沙：
>
> 同為雕刻大師在森林中漫步拾到的一塊木頭，一為神像，一則為木魚。願意當神像，或者當木魚，決定權完全在於你自己。

一天夜裡，木魚問神像：「我們來自同一塊木頭，你可以享受供奉，而我卻每天要被人敲打，難過死了。為什麼我們的命運會相差這麼大呢？」

神像說：「昨天的抗挫折力和忍耐強度決定了今天成就的大小。當初你不肯接受刀斧加身，大師只能把你做成一只小小的木魚。我深知只有接受雕琢之苦才能成就未來，所以甘心接受大師的刀刻斧切，終於變成自己心目中一尊最滿意的神像。難怪今天我們所受的待遇會有天壤之別了。」

於變得完美了，我親愛的弓！」然而，當他一面想著一面拉緊弓時，突然「啊」地一聲，弓斷了。

適得其反

有個農夫，每天早出晚歸地耕種一小片貧瘠的土地。他的收成很少。一位天使可憐他的境遇，就對他說，只要他能不斷地往前跑，他跑過的所有地方，不管多大，那些土地就全部歸他。

於是，農夫興奮地向前跑，一直跑，一直不停地跑！跑累了，想停下來休息，但一想到家裡的妻子、兒女，都需要更大的土地來耕作，來賺錢，於是他又拚命地再往前跑！

不久，農夫上氣不接下氣，實在跑不動了！可又想到將來年紀大，可能沒人照顧、需要錢，於是又打起精神，不顧氣喘不已的身子，再奮力地向前跑！

最後，農夫體力不支，「咚」地一聲倒在地上，累死了！

學會選擇，學會放棄

有個青年向一位富翁請教成功之道，富翁拿了三塊大小不一的西瓜放在青年面前，問道：

「如果每塊西瓜代表一定程度的利益，你選哪塊？」

「當然是最大的那塊！」青年毫不猶豫地回答。

富翁一笑：「那好，請吧！」富翁把那塊最大的西瓜遞給青年，而自己卻吃起了最小的那塊。

很快，富翁就吃完了，隨後拿起桌上的最後一塊西瓜，得意地在青年面前晃了晃，大口吃了起來。青年馬上明白了富翁的意思：富翁吃的瓜雖無青年的大，卻比青年吃得多。如果每塊西瓜代表一定程度的利益，那麼富翁占有的利益自然比青年多。

吃完西瓜，富翁對青年說：「要想成功，就要學會放棄，只有放棄眼前利益，才能獲取長遠大利，這就是我的成功之道。」

智慧沙：

只有放棄眼前利益，才能獲取長遠大利。要想成功，就要學會放棄。

放手吧

有個小男孩正在玩一只貴重的花瓶，誰知他把手伸進去之後，竟然拔不出來。父親費盡了力氣也幫不上忙，遂決定打破花瓶。但在此之前，他決心再試一次：「兒子，現在你張開手掌，伸直手指，像我這樣，看看能不能拉出來。」

小男孩卻說了一句令人驚訝的話：「不行啊，爸，我不能鬆手，那樣我會失去一分錢。」

智慧沙：

多少人正像那男孩一樣，執意抓住那無用的一分錢，不願獲得自由。放掉那些無意義的東西，放手吧！別讓它們左右你的人生。

16 每天進步一點點

學習是一個人的真正看家本領，是人的第一特點、第一長處、第一智慧、第一本源。其他一切都是學習的結果，學習的恩澤。

——作家王蒙論學習

走一步路不需要勇氣

曾有一位六十三歲的老人經過長途跋涉，克服了重重困難，從紐約市步行到佛羅里達州的邁阿密市。在邁阿密市，有位記者採訪了她。記者想知道，這路途中的艱難是否曾嚇倒過她，她是如何鼓起勇氣徒步旅行的。

老人答道：「走一步路是不需要勇氣的，我所做的就是這樣。我先走了一步，接著再走一步，然後再一步，我就到了這裡。」

智慧沙 精華典藏版

撿不撿有很大的區別

有個人到海灘上散步，他看見許多海星被早潮沖上海灘，當潮水退去時，牠們被留在海灘上。如果被正午毒辣的陽光照射到的話，牠們很快就會死去。因為剛剛退潮，所以絕大部分的海星都還活著。那人向前走了幾步，撿起一個海星，把牠丟進海裡。

他就這樣不停地撿啊撿，又一個個地扔回海裡。有人走在他的後面，不理解這個人這麼做的原因，就追上去問：「你在幹什麼？海灘上有成千上萬個海星，你能夠救多少？救不救幾個海星又有什麼區別？」

這個人並沒有直接回答他的問題，而是又向前走了幾步，撿起一個海星，把牠丟進水裡，然後轉過頭來說：「對這個海星來說，撿不撿有很大的區別。」

162

智慧沙：

任何偉大的事業都是由諸如「撿一個海星」這樣的小事組成的。積小善終成大德，積小成終成大功。每天做一點點，每天進步一點點，終將會有巨大的收穫。

帶一些空杯上路

有位年輕人跟一位著名的禪師學禪。禪師開導很長時間，年輕人還是找不到入門的路徑。於是，禪師端起茶壺，朝年輕人面前的碗裡倒，茶碗已經斟滿，禪師還在不停地倒。年輕人終於忍不住，提醒禪師說：「師傅，別倒了！茶杯已經裝不下了。」

禪師這才停住手，慢悠悠地說：「是啊，裝不下了。你也是這樣，想要學到更多禪的奧妙，就必須先把你心中的杯子倒空。只有騰出空來，才能迎接八面來風。」

智慧沙：

人生路上，時時刻刻要記得帶一些空杯上路。杯子倒得愈空，你學習的東西就會愈多；學的東西愈多，你維持生命力的時間才會愈長久。

尋找你身邊的老師

一五〇〇年，義大利佛羅倫斯採掘到一塊質地精美的大型大理石，它的自然外觀很適合雕刻一個人像。大理石在那裡放了很久，沒有人敢動手。曾有一位雕刻家來過，但他只在後面打了一鑿，就感到自己無力駕馭這塊寶貴的材料而住手了。

後來，大雕刻家米開朗基羅用這塊大理石雕出了曠古無雙的傑作大衛像。沒想到先前那位雕刻家的一鑿打重了，傷及了人像肌體，竟在大衛的背上留下了一點傷痕。

有人問米開朗基羅：「那位雕刻家是否太冒失？」

「不，」米開朗基羅說：「那位先生相當慎重，如果他冒失輕率的話，這塊材料早已不存在了，我的大衛像也就無從產生。這點傷痕對我未嘗沒有好處，因為它無時無刻不在提醒我，每下一刀一鑿都不能有絲毫的疏忽。在我雕刻大衛的過程中，那位老師自始至終都在我的身邊幫我提高警惕。」

塞滿你的時間

為了解釋有效的時間管理對於職業生涯的重要性，老師在桌上放了一個罐子，然後裝進鵝卵石，問他的學生：「這罐子是不是滿的？」

「是！」學生回答說。

老師又拿出一袋碎石子，從罐口倒下去，問：「這罐子現在是不是滿的？」

學生沉默。

老師又從桌下拿出一袋沙子倒進罐子裡，再問學生：「這個罐子是滿的嗎？」

「好像滿了。」學生回答說。

老師又從桌底下拿出一大瓶水，把水倒在看起來已經填滿了的罐子裡……

智慧沙：

無論工作多忙，行程排得多滿，如果要督促一下自己的話，還是可以多做許多事的，這就是時間管理的藝術。

165

智慧沙
精華典藏版

每天做完六件事

伯利恆鋼鐵公司總裁查理斯·舒瓦普去會見效率專家艾維·利。艾維·利說可以在十分鐘內給舒瓦普一樣東西，這東西能把他公司的業績提高至少五〇％。

艾維·利遞給舒瓦普一張空白紙，說：「在這張紙上寫下你明天要做的六件最重要的事。」這花了大約五分鐘。

過了一會兒又說：「現在用數字標明每件事情對於你和你公司的重要性次序。」

艾維·利接著說：「現在把這張紙放進口袋。明天早上第一件事是把紙條拿出來，做第一項。不要看其他的，只看第一項。著手辦第一件事，直至完成為止。然後用同樣方法對待第二項、第三項……直到你下班為止。如果你只做完第五件事，那不要緊，因為你總是做著最重要的事情。」

艾維·利又說：「每一天都要這樣做，你對這種方法的價值深信不疑之後，叫你公司的人也這樣做。這個試驗你愛做多久就做多久，然後給我寄支票來，你認為值多少就給我多少。」

整個會見歷時不到半個鐘頭。幾個星期之後，舒瓦普給艾維·利寄去一張二·五萬元的支票。五年之後，這個當年不為人知的小鋼鐵廠，一躍成為世界上最大的獨立鋼鐵廠，艾維·利提出的方法為查理斯·舒瓦普賺得一億美元。

166

智慧沙：

如何珍惜時間，只教人怎麼利用好現有時間來工作；如何合理利用時間，卻教人怎麼節省更多時間來工作。如何合理的利用時間比如何珍惜時間更重要。

你做了多久並不重要

凱撒領軍出征，每每獲勝必以酒肉金銀犒賞三軍。隨行的親兵仗著酒膽，問凱撒：「這些年來，我跟著您征戰沙場，出生入死，歷經戰役無數，同期入伍的兄弟，做官的做官，做將的做將，為什麼直到現在我還是小兵一個呢？」

凱撒指著身邊的一頭驢，說：「這些年來，這頭驢也跟著我征戰沙場，出生入死，歷經戰役無數。為什麼直到現在牠還是一頭驢呢？」

智慧沙：

許多人都會問同樣的問題，為什麼近幾年忙來忙去總感覺自己還在原地踏步？為什麼那些來並不出色的傢伙卻能春風得意？還要多久我才能揚眉吐氣？凱撒在兩千多年前就給出了答案——你做了多久並不重要，重要的是你有沒有在進步！

為下一個而努力

世界球王貝利在二十多年的足球生涯裡，參加過一千三百六十四場比賽，共踢進一千兩百八十二個球，並創造了一個隊員在一場比賽中射進八個球的紀錄。他超凡的技藝不僅令萬千觀眾心醉，也常使球場上的對手拍手稱絕。他不僅球藝高超，而且談吐不凡。

當他個人進球紀錄滿一千個時，有人問他：「您哪個球踢得最好？」

貝利笑了，意味深長地說：「下一個。」

他的回答含蓄幽默，耐人尋味，就像他的球藝一樣精彩。

智慧沙：

在邁向成功的道路上，每當實現了一個近期目標，都應把原來的成功當成是新的成功的起點，擁有一種歸零的心態，這樣才能永遠有新的目標，才能攀登新的高峰，才能獲得成功者無窮無盡的樂趣。

踩著木椿子過去

有個博士被分到一家研究所，成為學歷最高的一個人。有一天，他到研究所後面的小池塘去

釣魚，正好正副所長在他的一左一右，也在釣魚。他只是微微點了點頭，心想：這兩個本科生，有什麼好聊的呢？

不一會兒，正所長放下釣竿，伸伸懶腰，蹭蹭蹭從水面上如飛地走到對面上廁所，博士眼睛睜得都快掉下來了。水上飄？不會吧？這可是一個池塘啊！

正所長上完廁所後，同樣也是蹭蹭蹭地從水上飄了回來。怎麼回事？博士生又不好去問，自己是博士生哪！過了一陣子，副所長也站起來，走幾步，蹭蹭蹭地飄過水面上廁所。這下子博士更是差點昏倒：不會吧，難道我到了一個江湖高手集中的地方？

博士生著急了。這個池塘兩邊有圍牆，要到對面廁所非得繞十分鐘的路，而回研究所上又太遠，怎麼辦？博士生也不願意問正副所長，憋了半天後，也起身往水裡跨，心想：我就不信本科生能過的水面，我博士生不能過。

只聽「咚」地一聲，博士生到了水裡。正副所長將他拉了出來，問他為什麼要下水，他問：「為什麼你們可以走過去呢？」

正副所長相視一笑：「這池塘裡有兩排木樁子，由於這兩天下雨漲水正好在水面下。我們都知道這木樁的位置，所以可以踩著樁子過去。你怎麼不問一聲呢？」

智慧沙：

學歷代表過去，只有學習力才能代表將來。尊重經驗的人，才能少走彎路。一個好的團隊，也應該是學習型的團隊。

行勝於知

詩人白居易為了求得更高深的學問，到處向人請教，但仍不能滿足他強烈的求知欲。有一天，他聽說有一位得道的禪師，學問非常高深，於是不惜千里跋涉去求見。好不容易見到了禪師，他便虛心地問：「師傅，請告訴我如何才能得道？」

禪師回答：「諸惡莫作，眾善奉行。」

白居易不解地說：「這連三歲小孩也知道呀，怎能說是道呢？」

禪師回答：「三歲小孩也知道，但八十老翁也難奉行啊！」

智慧沙：

有誰不要成功，又有誰不知道成功必須學習和努力？但是真正成功的人又有幾個？行勝於知。不要問成功有沒有自己的份，只要按照成功的原則踏實地做，你必定也是一個成功者。

別請教門外漢

從前，有個年輕人騎馬到處遊玩。有一天，他來到一條小河邊，他想涉河而過，但看到河水流得很急，擔心河水太深，馬兒會被淹死。在猶豫不決時，他看到小河對面有個小孩在玩泥沙，便大聲問那個小孩：「小朋友，這河深不深？我的馬兒可以過去嗎？」

那個小孩望望馬兒後，便說：「不深，不深，馬兒可以過河，沒有問題的。」

聽後，年輕人便跳上馬背，騎馬過河了。豈知，走到河中間，河水已淹過馬背，剩下馬頭，他驚慌不已，便撤退回岸。

衣服全濕的他，很生氣地責罵那個小孩，以為他講假話。豈知，那個小孩聽後回答說：「我家的鴨子每天清晨都在河上游來游去，牠們的腿那麼短都沒問題，而你的馬兒這麼高大，怎會不可以呢！」

17 辦法總比問題多

是人製造出來的問題，人就可以解決，人沒有解決不了的問題。

——美國第三十五屆總統甘乃迪

如果沒有一條清晰的航線

哲學家漫步於田野中，發現水田當中新插的秧苗竟排列得如此整齊，猶如用尺規量過一樣。

他不禁好奇地問田中的老農是如何辦到的。

老農忙著插秧，頭也不抬，他要哲學家自己插插看。哲學家捲起褲管，喜孜孜地插完了一排秧苗，結果竟慘不忍睹，參差不齊。他再次請教老農，老農告訴他，在彎腰插秧時，眼睛一定要盯住一樣東西。

哲學家照做，不料他這次插好的秧苗，竟成了一道彎曲的弧線。

老農問哲學家：「你是否盯住了一樣東西？」

「是啊，我盯住了那邊吃草的水牛，牠可是一個大目標啊！」

「水牛邊走邊吃草，而你插的秧苗也跟著牠移動，你想你插的秧苗能不成弧形嗎？」

哲學家恍然大悟。這次，他選定了遠處的一棵大樹作為目標，果然插出來的秧苗非常整齊。

死了的人沒有問題

企業家坐在餐廳的角落裡，獨自喝著悶酒。一位熱心人走上去問道：「您有什麼難題不妨說出來，我也許能幫助您。」

企業家看了他一眼，冷冷地說：「我的問題太多了，沒有人能夠幫我的忙。」

這位熱心人立刻掏出名片，要企業家明天到他的辦公室一趟。

第二天，企業家依約前往。這位熱心人說：「走，我帶你到一個地方。」企業家不知道他葫蘆裡賣的是什麼藥。

熱心人用車子把企業家帶到荒郊野外的墓地。兩人下了車後，熱心人指著那些墳墓對企業家說：「你看看吧，只有躺在這裡的人才統統是沒有問題的。」

企業家恍然大悟。

173

智慧沙
精華典藏版

智慧沙：

只有死了的人才沒有問題。成功旅途中只要有問題，就有成功的希望；只要敢於正視和解決問題，成功就有可能。

把自己當成做錯事的人

張李兩戶人家緊鄰而居，但家庭氣氛卻大大不同。張家的人相處其樂融融，生活幸福美滿，而李家的人則經常爭吵，每天都鬧得雞犬不寧。

有一天，李家的人忍不住來問張家的人說：「你們家為什麼從不爭吵？你們和睦相處的祕訣是什麼？」

張家的人回答：「其實答案很簡單，因為我們這一家人都認為自己是做錯事的人，而你們一家人都認為自己是做對事的人。」

智慧沙：

一個人經歷一次忍讓，就會獲得一次人生的亮麗；經歷一次寬容，就會打開一道愛的大門。

在人際交往中，先認錯先禮讓，許多問題自然迎刃而解。

174

別在自己的小圈子裡沉醉

有兩個飢餓的人得到了一位長者的恩賜：一根魚竿和一簍鮮活碩大的魚。其中，一個人要了一簍魚，另一個人要了一根魚竿，於是他們分道揚鑣了。

得到魚的人原地就用乾柴搭起簧火煮起了魚，他狼吞虎嚥，還沒有品出鮮魚的肉香，轉眼間，連魚帶湯就被他吃了個精光，不久，他便餓死在空空的魚簍旁。另一個人則提著魚竿繼續忍飢挨餓，一步步艱難地向海邊走去，可當他看到不遠處那片蔚藍色的海洋時，他渾身的最後一點力氣也用完了，他也只能眼巴巴地帶著無盡的遺憾撒手人寰。

又有兩個飢餓的人，他們同樣得到了長者恩賜的一根魚竿和一簍魚。只是他們並沒有各奔東西，而是商定共同去尋找大海，他倆每次只煮一條魚，他們經過長途跋涉，來到了海邊。從此，兩人開始了以捕魚維生的日子。幾年後，他們蓋起了房子，有了各自的家庭、子女，有了自己建造的漁船，過上了幸福安康的生活。

只要我們能仔細傾聽

小貓長大了。

有一天，貓媽媽把小貓叫來，說：「你已經長大了，三天之後就不能再喝媽媽的奶，要自己找東西吃。」

小貓惶惑地問媽媽：「媽媽，那我該吃什麼東西呢？」

貓媽媽說：「你要吃什麼食物，媽媽一時也說不清楚，就用我們祖先留下的方法吧！這幾天夜裡，你躲在人們的屋頂上、梁柱間、陶罐邊，仔細地傾聽人們的談話，他們自然會教你的！」

第一天晚上，小貓躲在梁柱間，聽到一個大人對孩子說：「小寶，把魚和牛奶放在冰箱裡，小貓最愛吃魚和牛奶了。」

第二天晚上，小貓躲在陶罐邊，聽見一個女人對男人說：「老公，幫我的忙，把香腸和臘肉掛在梁上，小雞關好，別讓小貓偷吃了。」

第三天晚上，小貓躲在屋頂上，從窗戶看到一個婦人叨念著自己的孩子：「乳酪、肉鬆、魚乾吃剩了，也不會收好，小貓的鼻子很靈，明天你就沒得吃了。」

就這樣，小貓每天都很開心，牠回家告訴貓媽媽：「媽媽，果然像您說的一樣，只要我仔細傾聽，人們每天都會教我該吃些什麼。」

靠著傾聽別人談話，學習生活的技能，小貓終於成為一隻身手敏捷、肌肉強健的大貓，牠後

來有了孩子，也是這樣教導孩子的：「仔細地傾聽人們的談話，他們自然會教你的。」

相生互旺，相克互損

在一間工具房裡，有一些工具聚在一起開會，大夥商量要怎樣對付一塊堅硬的生鐵。

斧頭首先耀武揚威地說：「讓我來，我可以一下子就把它解決了。」於是斧頭很用力地對著鐵塊砍下去。可是只有一會兒的工夫，斧頭便鈍了，刀刃都捲了起來。

「還是讓我來吧！」鋸子信心十足地說。它用鋒利的鋸齒在鐵塊上面來回地鋸，但是沒有多久，鋸齒都鋸斷了。

這時錘子笑道：「你們真沒用，退到一邊去，讓我來顯顯身手。」於是錘子對鐵塊一陣猛錘猛打，其聲震耳。但錘了好久，錘子的頭也掉了，鐵塊依然無恙。

「我可以試試嗎？」小小的火焰在旁邊請求說。大家都瞧不起它，但還是給它一個機會試試。小火焰輕輕地盤繞著鐵塊，不停地燒，不停地燒。過了一段時間，在它堅忍的熱力之下，整

精華典藏版

個鐵塊終於燒紅了。又過了一會兒，鐵塊開始熔化了。再過一會兒，鐵塊完全熔化了。

> **智慧沙：**
> 萬物相生相剋，我們應學會利用老祖宗留給我們的這一規律辦事。「相生」互旺，「相克」互損，就看我們如何取捨。

擦乾淨你的窗

有個太太多年來不斷抱怨對面的太太很懶惰：「那個女人的衣服永遠洗不乾淨，看，她晾在外面院子裡的衣服，總是有斑點，我真的不知道，她怎麼連洗衣服都洗成那個樣子……」

直到有一天，有個朋友到她家，才發現不是對面的太太衣服洗不乾淨。細心的朋友拿了一塊抹布，把窗戶上的灰漬抹掉，說：「看，這不就乾淨了嗎？」

原來，是自己家的窗戶髒了。

> **智慧沙：**
> 擦乾淨你的窗。別光埋怨別人，也許你擦亮眼睛之後才明白：別人身上的問題，恰恰是因為我們自己的眼睛有問題啊。

太容易到手的東西往往沒人珍惜

一位遊人到鄉間旅行，看到一位老農把餵牛的草料鏟到一間小茅屋的屋簷上，不免感到奇怪，於是就問道：「老公公，你為什麼不把餵牛的草放在地上，方便牠直接吃呢？」

老農說：「這種草草質不好，我要是放在地上牠就不屑一顧；但是我放到讓牠勉強可以搆得到的屋簷上，牠就會努力去吃，直到把全部草料吃個精光。」

智慧沙：

太容易到手的東西往往沒人珍惜。很多時候，一個頭銜、一點獎勵，哪怕官職再小、獎品再薄，也不要輕易授人，最好能夠激勵別人透過公平競爭去獲得。授人以漁，不如授人以欲。

179

18 再苦也要笑一笑

辛辛苦苦，過舒服日子；舒舒服服，過辛苦日子。

——中國大陸著名電視節目主持人楊瀾

苦樂就在一念之差

有個叫塞爾瑪的美國年輕女人隨丈夫來到沙漠腹地參加軍事演習。她孤零零一個人留守在一間像貨櫃一樣的鐵皮小屋裡。這裡炎熱難耐，周圍只有墨西哥人與印第安人。因為他們不懂英語，無法與自己進行交流，這讓塞爾瑪寂寞無助，煩躁不安，於是她寫信給自己的父母，說想離開這個鬼地方。

父親的回信只寫了一行字：「兩個人同時從牢房的鐵窗望出去，一個人看到了泥土，一個人卻看到了繁星。」

塞爾瑪一開始並沒有讀懂其中的涵義，反覆讀了幾遍後，她才感到無比的慚愧，決定留下來在沙漠中尋找自己的「繁星」。她一改往日的消沉，積極地與當地人交朋友，學習他們的語言。她付出了熱情，她非常喜愛當地的陶器與紡織品，於是人們便將捨不得賣給遊客的陶器、紡織品送給她作禮物。

這些讓塞爾瑪很感動。她的求知欲也與日俱增。她十分投入地研究讓人痴迷的仙人掌和許多沙漠植物的生長情況，還掌握了有關土撥鼠的生活習性，觀賞了沙漠的日出日落，並饒有興致地尋找海螺殼……

這樣一來，原先的痛苦與寂寞沒有了，取而代之的是積極的冒險與進取。塞爾瑪為自己的新發現激動不已。她拿起了筆，一本名為《快樂的城堡》的書兩年後出版了。塞爾瑪最終經由自己的努力看到了「繁星」。

> **智慧沙：**
> 沙漠沒有變，當地的居民沒有變，只是塞爾瑪的人生視角變了。一念之差使一個人變成了另外一個人，人生也因此而不同。

取回屬於你的痛苦

佛陀為了消除人間的疾苦，就從人間選了一百個自認為最痛苦的人，讓他們把各自的痛苦寫在紙上。

寫完後，佛陀說：「現在，把你們手裡的紙條相互交換一下。」

這一百個人交換過手裡的紙條後，個個十分驚奇，都爭著從別人手裡搶回自己寫的。

智慧沙
精華典藏版

抖落你生命中的泥土

有一天，農夫的一頭驢子不小心掉進一口枯井裡，農夫絞盡腦汁想救出驢子，但幾個小時過去了，驢子還在井裡痛苦地哀號著。最後，農夫決定放棄；他想這頭驢子年紀大了，不值得大費周折地把牠救出來，但無論如何，這口井還是得填起來，於是他就請來左鄰右舍幫忙一起將井中的驢子埋了，以免除驢子的痛苦。

農夫的鄰居們人手一把鏟子，開始將泥土鏟進枯井中。當這頭驢子瞭解到自己的處境時，剛開始哭得很淒慘，但出人意料的是，一會兒就安靜下來了。農夫見狀，好奇地探頭往井底一看，結果令他大吃一驚：當鏟進井裡的泥土落在驢子的背部時，驢子的反應令人稱奇——牠將泥土抖落在一旁，然後站到鏟進的泥土堆上面。

就這樣，驢子將大家鏟倒在牠身上的泥土全數抖落在井底，然後再站上去。很快地，這隻驢子便得意地上升到井口，然後在眾人驚訝的表情中快步地跑開了！

182

給生活注滿希望

智慧沙：

沒有經過困苦的磨礪，就不可能成為強者。只要我們鍥而不捨地將生命中的泥土抖落掉，然後站上去，即使是掉落到最深的井裡，我們也能安然地脫困。

在一個偏僻的山村裡，住著一位孤苦伶仃的老奶奶。在她二十六歲時，丈夫外出做生意，卻一去不返。是死在亂槍之下，還是病死在外，都不得而知。當時，她唯一的兒子只有五歲。

丈夫不見蹤影的幾年之後，村裡人都勸她改嫁。沒有了男人，孩子又小，這守寡得守到什麼時候？然而，她沒有改嫁。她說，丈夫生死不明，也許在很遠的地方做了大生意，說不定哪天就回來了。她被這個念頭支撐著，帶著兒子頑強地生活著。她甚至把家裡整理得更加井井有條。她想，假如丈夫發了大財回來，不能讓他覺得家裡這麼窮囊寒傖。

就這樣過去了十幾年，在她兒子十七歲的那一年，一支部隊從村裡經過，她的兒子跟部隊走了。

不料兒子走後又是音信全無。有人告訴她說兒子在一次戰役中戰死了，她不信，一個大活人怎麼能說死就死呢？她甚至想，兒子不僅沒有死，而且還做了軍官，等打完仗，天下太平了，就會衣錦還鄉。她還想，也許兒子已經娶了媳婦，給她生了孫子，回來時就是一家子人了。

儘管兒子依然杳無音信，但這個想像給了她無窮的希望。她是一個小腳女人，不能下田種地，她就做繡花線的小生意，勤奮地奔走四鄉，積累錢財。她告訴人們，她要掙些錢把房子重新翻修，等丈夫和兒子回來時住。

有一年她得了大病，醫生判了她死刑，但她最後竟奇蹟般地活了過來，她說，她不能死，她死了，兒子回來要到哪裡找家呢？

這位老奶奶一直在這個村裡健康地生活著，已經滿百歲了。直到現在，她還是做著她的繡花線生意，她天天算著，她的兒子生了孫子，她的孫子也該生孩子了。這樣想著的時候，她那布滿皺紋的滄桑的臉上，即刻就變成了像繡花線一樣絢爛多彩的花朵。

智慧沙：

沒有什麼比希望更能改變我們的處境。當我們處於厄運的時候，當我們敗下陣來的時候，當我們面臨一場巨大災難的時候，我們都應該將人生寄託於希望。

不能讓心失業

有個人失業多年，一直都找不到工作，生活拮据。他整日灰頭土臉，神情極為沮喪，直到一個偶然的機會，聽到這樣一個真實故事。

生活並不像想像的那麼糟

智慧沙：

失業並不可怕，可怕的是讓自己的心也跟著失業。只要擁有一顆熱愛生活的心，就會有做不完的事。

從前，有一個窮人與他的妻子、五個孩子、兒媳，生活在一間破舊、低矮的小木屋裡，狹窄侷促的居住環境與貧困簡陋的生活讓他感到活不下去，於是他便去找智者求救。

窮人對智者說：「我們全家那麼多人住在一間小木屋裡，太擁擠了，整天爭吵不休，這樣的家簡直就是地獄，我實在無法再活下去了！」智者問他家裡還有什麼，他告訴智者說，他家還有

有個社區有位老婆婆，生活很苦，丈夫老早就去世了，兒子又有些精神失常。社區為低收入戶送溫暖時，送給老婆婆一些物資，但老婆婆婉言謝絕了。她說：「我是窮，但我從不缺少什麼，因為我有工作。」

老婆婆是有份「工作」：冬天在街邊賣烤紅薯，夏天賣冰棒，她從未「失業」過。

是啊，失業有什麼可怕，這世間並不是沒有事做，而是看你想不想做。

他聽後什麼都沒說，第二天就到碼頭做起了搬運工，後來竟擁有了多家搬運公司。

一頭奶牛、一隻山羊和一群雞。智者說：「你只要按我說的去做，情況自然就會好起來。」

原來，智者是讓窮人回家去，把那些奶牛、山羊、雞全帶到屋裡，與人一起生活，這樣他就可以走出困境。窮人聽後大吃一驚，但他事先已經答應要按智者說的去做，所以也只好如此行事了。

幾天過後，窮人滿臉痛苦地找到智者說：「你給我出的什麼餿主意？事情不但沒有好起來，反而比以前更糟了，現在我家變成了真正的地獄，我真的活不下去了。」智者笑著對他說：「好吧，你回去把那些雞趕出小屋就好了。」

沒過多久時間，窮人又來找智者，他仍然一臉痛不欲生的樣子，哭訴說：「那隻山羊撕碎了我房間裡的一切東西，牠使我的生活如同噩夢。」智者溫和地說：「回去把山羊牽出屋就好了。」

後來，窮人又來了，他對智者說：「那頭奶牛把我的屋子搞成了牛棚，人怎麼可以與牲畜同處一室呢？」智者說：「那你趕快回家，把牛牽出屋去。」

最後，窮人一路小跑，滿面紅光地找到智者，對他說：「謝謝你，又把甜蜜的生活給了我。現在所有的動物都出去了，我那可愛的小屋顯得那麼安靜、寬敞、乾淨，我好開心啊！」

智慧沙：

當你身在糟糕處境時，你的處境雖然看起來很糟糕，但還不是最糟糕的。所以，你完全沒有必要對生活感到絕望。

像南瓜一樣

美國麻州阿默思特（Amherst）學院曾經進行了一個很有意思的實驗。實驗人員用很多鐵圈將一個小南瓜整個箍住，以觀察當南瓜逐漸長大時，能承受的壓力有多大。最初他們估計南瓜最多能承受大約五百磅的壓力。

在實驗的第一個月，南瓜承受了五百磅的壓力；到第二個月時，南瓜承受了一千五百磅的壓力；當它承受到兩千磅的壓力時，研究人員必須對鐵圈加固，以免南瓜將鐵圈撐開。最後，當研究結束時，整個南瓜承受了超過五千磅的壓力後，瓜皮才產生破裂。

他們打開南瓜並且發現它已經無法再食用，因為它的中間充滿了堅韌牢固的層層纖維，試圖想要突破包圍它的鐵圈。為了吸收充分的養分，以便突破限制它成長的鐵圈，它的根部甚至延展超過八萬呎，所有的根往不同的方向全方位地伸展，最後這個南瓜獨自控制了整個花園的土壤與資源。

智慧沙：

大多數的人都能承受超過我們所認為的壓力。因為我們擁有比我們想像中大得多的潛能。只要像小南瓜一樣全方位地伸展，就沒有什麼困難能夠阻擋我們。

智慧沙
精華典藏版

另外十七個羅漢在哪兒

有一個農夫，日出而作，日落而息。辛勤耕作於田間，日子過得雖說不上富裕，倒也和樂。

一天晚上，農夫做了個夢，夢見自己得到了十八個金羅漢。說來也巧，第二天，農夫在田野裡竟然真的挖到了一個價值連城的金羅漢，他的家人和親友都為此感到高興不已，可農夫卻悶悶不樂，整天心事重重。

別人問他：「你已經成了百萬富翁，還有什麼不滿意的呢？」

農夫卻回答說：「我在想，另外十七個羅漢到哪兒去了。」

智慧沙：

得到了一個金羅漢，卻失去了生活的快樂。看來，有時真正的快樂是和金錢無關的。

活著的感覺真好

一位得知自己不久人世的老先生，在日記上記下了這段文字：

「如果我可以從頭活一次，我要嘗試更多的錯誤，我不會再事事追求完美。」

「我情願多休息，隨遇而安，處世糊塗一點，不對將要發生的事處心積慮計算著。其實人世

188

間有什麼事情需要斤斤計較呢？

「可以的話，我會多旅行，跋山涉水，更危險的地方也不怕。以前我不敢吃冰，不敢吃豆，是怕健康有問題，此刻我是多麼的後悔。過去的日子，我實在活得太小心，每一分每一秒都不容有失，太過清醒明白，太過清醒合理。

「如果一切可以重新開始，我會什麼也不準備就上街，我會放縱的享受每一分、每一秒。如果可以重來，我會赤足走在戶外，甚至整夜不眠，用這個身體好好地感受世界的美麗與和諧。還有，我會到遊樂園多玩幾圈旋轉木馬，多看幾次日出，和公園裡的小朋友玩耍。

「只要人生可以從頭開始，但我知道，不可能了。」

智慧沙：
人生真的不可能再來一次，以有限追求無限，請珍惜活著的感覺！

⑲ 戰勝青春的敵人

人生的第一課是——不再追尋！

——印度教哲學家克里希納穆提

找到關鍵點

美國福特汽車公司要排除一台大型發動機的故障，請了很多人都束手無策，最後請來了德國著名的電機專家斯坦門茨。

斯坦門茨圍著機器轉了兩圈後，用粉筆在機器外殼的某處畫了一個「×」，然後吩咐公司負責人說：「把做記號處的線匣減少十六匝。」難題迎刃而解。

斯坦門茨索要了一萬美元的報酬，許多人不解地議論紛紛，說畫一個「×」就要一萬美元，實在是太多了。斯坦門茨回答道：「用粉筆畫一個『×』值一美元，知道在哪裡畫『×』值九千九百九十九美元。」

此語一出，眾人皆默然。

尋找人生的金幣

夜晚，一個人在房間裡四處搜索著什麼東西。

有一個人問道：「你在尋找什麼呢？」

「我丟了一枚金幣。」他回答。

「你把它丟在客廳，還是廚房？」第二個人問。

「都不是。我把它丟在房間外面的草坪上了。」他又回答。

「那你為什麼不到外面去找呢？」

「因為那裡沒有燈光。」

智慧沙：

方向比努力更重要，在錯誤的地方怎能找到自己想要的東西？若要有所收穫，必須選擇正確的方向。

智慧沙：

畫「×」是人人都能做到的，知道具體在哪裡畫「×」卻是極少數人才具備的才能。許多人常常抱怨自己的待遇太低，卻很少在心底問過：自己是否具備獲取高報酬的本領？

別讓恐懼害了你

二戰期間，德國科學家為了執行希特勒的命令，做了一項慘無人道的心理實驗。他們告訴一位俘虜：將在他身上做一項實驗——割斷動脈，看他血流光後的生理反應。

士兵把戰俘綁在實驗台上，用黑布蒙住眼睛，然後用很薄的冰塊在腕上劃了一下。同時，科學家在他的手腕上放了一個吊瓶——瓶裡的水跟人體血液同溫，吊瓶管子的一端，放在這個戰俘的手腕上方。水從他的手腕慢慢地流下，滴到下面放著的一個鐵桶裡。這個戰俘聽著「滴答」、「滴答」的水聲，以為是自己的血在往外流。然而，他的手腕並沒有被劃破。

過了一個小時，這個戰俘真的死了，他死去的反應跟失血而死的人一模一樣。他相信自己被放了血，因恐懼導致死亡。

智慧沙：

人們通常都是被自己相信或懷疑的東西所戰勝。人的潛意識分不清事情的真假，任何的想像，只要不斷地重複，都有可能變為現實。

不斷丟棄你的錯誤

愛因斯坦被帶到普林斯頓高級研究所辦公室的那天，管理人員問他需要什麼用具。愛因斯坦回答說：「我看，一張桌子或檯子，一把椅子和一些紙張鋼筆就行了。啊，對了，還要一個大廢紙簍。」

「為什麼要大的？」

「好讓我把所有的錯誤都扔進去。」

> 智慧沙：
>
> 追求卓越的過程，其實就是不斷丟棄錯誤的過程。丟棄錯誤，我們才會看到一條向上的路。

把絆腳石變成墊腳石

一個走夜路的人碰到一塊石頭，重重地跌倒了。他爬起來，揉著疼痛的膝蓋繼續向前走。他走進了一個死胡同。前面是牆，左面是牆，右面也是牆。前面的牆剛好比他高一個頭，他費了很大的力氣也攀不上去。

忽然，他靈機一動，想起了剛才絆倒他的那塊石頭⋯⋯「為什麼不把它搬過來墊在腳底下

呢？」他返了回去，費了很大力氣，才把那塊石頭搬了過來，放在牆下。踩著那塊石頭，他輕鬆地越過了那堵牆。

智慧沙：

逆境人人都會遇到，但是更多的人被絆腳石絆倒以後就再也爬不起來了。如果能想到去化不利為有利——把絆腳石變成墊腳石，那人生豈不是有另外一番風景？

切忌跟著感覺走

一頭驢聽說螳螂唱歌好聽，便頭腦發熱，要向螳螂學習唱歌。

螳螂對驢說：「學唱歌可以，但你必須每天像我一樣以露水充饑。」

於是，驢聽了螳螂的話，每天以露水充饑，結果呢，沒有幾天，驢就餓死了。

智慧沙：

切忌跟著感覺走。如果人也憑著一時興趣，一時愛好做事，試想，結果會比驢好到哪裡去呢？

經驗和技術同樣重要

村裡有位捕魚的老人，因為捕魚技術特別好，人們都稱他為「漁王」。令漁王傷心的是，他兒子的捕魚技術卻十分平庸。

一次，漁王向一位路過他家的客人抱怨自己的苦惱：「從他小時候開始，我就親自教他怎樣撒網，怎樣捉魚。我把一個捕魚人所有的本領全教給了他，又把我自己多年總結的經驗一點不漏地傳授給了他。可令我想不通的是，他的技術還不如其他一般漁民的兒子。」

客人聽了，想了一會兒，問：「他每次出海都跟著你嗎？」

「那當然！」漁王說：「為了不讓他走彎路，我一直在他旁邊教導，親自指揮他捕魚。」

客人點點頭，說：「這就是了。雖然你教給他一流的捕魚技術，卻忘了讓他自己去吸取經驗和教訓。要知道，無論做什麼事情，經驗教訓和知識技術同樣的重要。」

智慧沙：

知識和技術是讓我們明白道理的，這些只要找到老師就可以學到。經驗和教訓卻是靠我們自己去親身體驗和感受的，這才是我們生存和發展的根本。只是，我們通常低估了經驗及教訓的價值。

沒有無斑點的珍珠

有個人找到了一顆有個小斑點的美麗珍珠，他想如果除掉這個小斑點，這顆珍珠就是世界上最珍貴的無價之寶。

於是，他削掉了珍珠的表層，但斑點仍在，他又削掉第二層，以為斑點肯定可以除掉，可斑點仍然存在。他不斷地削掉一層又一層，直到最後，斑點沒有了，珍珠也不存在了。

智慧沙：

人至察則無徒，水至清則無魚。金無足赤，人無完人，世上不存在沒有缺點的人。交朋友，也要寬宏相待，不能過於苛求。

人生只有一個半朋友

從前有個仗義、廣交天下豪傑的武夫，臨終前對他的兒子說：「別看我自小在江湖闖蕩，結交的人如過江之鯽，其實我這一生就交了一個半朋友。」

兒子納悶不已。他的父親就貼近他的耳朵交代一番，然後對他說：「你按我說的去見我的這一個半朋友，朋友的定義你自然會懂得。」

兒子先去了父親認定的「一個朋友」那裡，對他說：「我是某某的兒子，現在正被朝廷追殺，情急之下投身於你，希望予以搭救！」這人一聽，容不得思索，趕忙叫來自己的兒子，喝令兒子速速將衣服換下，穿在這個並不相識的「朝廷要犯」身上，而讓自己的兒子穿上「朝廷要犯」的衣服。

兒子明白了：在你生死攸關的時候，那個能與你肝膽相照，甚至不惜割捨自己的親生骨肉來搭救你的人，可以稱作是你的一個朋友。

兒子又去了他父親說的「半個朋友」那裡，抱拳相求，把同樣的話說了一遍。這「半個朋友」聽了，對眼前這個求救的「朝廷要犯」說：「孩子，這等大事我可救不了你，我這裡給你足夠的盤纏，你遠走高飛快快逃命，我保證不會告發你……」

兒子明白了：在你患難時刻，那個能夠明哲保身，但不落井下石加害你的人，可稱作是你的半個朋友。

智慧沙：
人生只有一個半朋友。你可以廣交朋友用心善待朋友，但絕不可苛求朋友給你同樣的回報。遇到像你一樣善待你的人是你的福氣，如果朋友讓你失望了這也很平常。你待他人好和他人待你好是兩碼事。

20 多走一步就是天堂

去吧，去為做一個「上等人」而受苦受累吧！

——英國小說家狄更斯

只要彎一次腰

有對父子一同穿越沙漠。在經歷了漫長的跋涉之後，他們都疲憊不堪，乾渴難忍，每邁出一步都異常艱難。這時父親看到黃沙中有一枚馬蹄鐵在陽光的照耀下閃閃發光——那是沙漠先驅者的遺留品。

父親對兒子說，撿起它吧，會有用的。兒子用失神的眼睛，看了看一望無際的沙漠——有什麼用呢？兒子搖搖頭。於是，父親什麼也沒說，只是彎腰拾起了馬蹄鐵，繼續前行。

終於他們到達了一座城堡，父親用馬蹄鐵換了兩百顆酸葡萄。當他們再次跋涉在沙漠中遭遇乾渴時，父親拿出了酸葡萄，邊走邊吃，同時自己吃一顆還丟一顆在地上——兒子每吃一顆便要彎一次腰去撿。

衛冕冠軍為何遺憾

一九五〇年，弗洛倫絲·查德威克因成為第一個成功橫渡英吉利海峽的女性而聞名於世。兩年後，她從卡德林那島出發游向加利福尼亞海灘，夢想再創一項前無古人的紀錄。

那天，海面濃霧瀰漫，海水冰冷刺骨。在游了漫長的十六個小時之後，她的嘴唇已凍得發紫，全身筋疲力盡而且一陣陣顫慄。她抬頭眺望遠方，只見眼前霧靄茫茫，仿佛陸地離她還十分遙遠。

「現在還看不到海岸，看來這次無法游完全程了。」她這樣想著，身體立刻就癱軟下來，甚至連再划一下水的力氣都沒有了。

「把我拖上去吧！」她對陪伴著她的小艇上的人說。

「咬緊牙，再堅持一下。只剩一哩遠了。」艇上的人鼓勵她。

「別騙我。如果只剩一哩，我就應該能看到海岸。把我拖上去，快，把我拖上去！」

於是，渾身發抖的查德威克被拖上了小艇。

小艇開足馬力向前駛去。就在她裹緊毛毯喝了一杯熱湯的工夫，褐色的海岸線就從濃霧中顯現出來，她甚至都能隱隱約約地看到海灘上歡呼等待她的人群。此時查德威克才知道，艇上的人並沒有騙她，她距成功確實只有一哩！她仰天長歎，懊悔自己沒能咬緊牙再堅持一下。

智慧沙：
在受到挫折和失敗猛烈重擊的情況下，就更應在心裡為自己搖旗吶喊：挺住，再堅持一下，再堅持一下！因為只有不倒下，才有取勝的可能。

轉變一下角度

法國著名女高音歌唱家瑪‧迪梅普萊有一座美麗的私人林園。每到週末，總會有人到她的林園摘花，拾蘑菇，有的甚至搭起帳篷，在草地上野營野餐，弄得林園一片狼籍，骯髒不堪。

管家曾讓人在林園四周圍上籬笆，並豎起「私人林園，禁止入內」的木牌，但都無濟於事，林園依然不斷遭踐踏、破壞。於是，管家只得向主人請示。

迪梅普萊聽了管家的匯報後，讓管家做一些大牌子立在各個路口，上面醒目地寫著：「如果在園中被毒蛇咬傷，最近的醫院距此十五公里，駕車約半小時即可抵達。」

從此，再也沒有人闖入她的林園。

智慧沙：
只要稍稍地轉變一下角度，事情就會有所不同。

失去不一定就是損失

在高速行駛的火車上，一個老人不小心把剛買的新鞋的其中一只弄出窗外。周圍的人倍感惋惜，不料那老人立即把第二只鞋也扔出窗外。

老人的想法是：這一只鞋無論多麼昂貴，對自己而言都沒用了，如果有誰能撿到一雙鞋子，說不定他還能穿呢！

智慧沙：
與其抱殘守缺，不如就地放棄。事物的價值不在於誰占有，而在於如何占有。一切都是暫時，一切都會消逝，讓失去的變為可愛。失去不一定是損失，也可能是獲得。

把玫瑰的清香帶給人

一個路人發現路旁有一堆泥土散發出芬芳的香氣，他就把這堆土帶回家。一時之間，他家裡

竟然香氣滿堂。路人好奇而驚訝地問這堆土：「你是從大城市來的珍寶呢，還是一種稀有的香料，或是價格昂貴的材料？」

泥土說：「都不是，我只是普通的泥土而已。」

路人又問：「那你身上濃郁的香味是從哪兒來的？」

泥土答：「我曾在芳香四溢的玫瑰園裡和玫瑰相處了很長一段時間。」

智慧沙：

泥土因為有了與玫瑰的親密接觸，才會擁有玫瑰的清香；生命因為有了朋友的陪伴，才會滋潤甜美一路高歌。且讓我們成為靠近玫瑰香味的泥土，同時也成為可以帶給別人香味的玫瑰吧！

傷害別人就是傷害自己

一條船在海上航行，船艙裡藏著一隻老鼠。老鼠偷吃船夫的糧食，咬壞船夫的衣物。船夫恨透了老鼠，想捉住牠，把牠扔到海裡去。

老鼠有老鼠的辦法，牠使出看家本領，在船底打洞。牠要躲到洞裡去，還要把船夫的糧食也搬到洞裡藏起來。結果可想而知。這隻老鼠沒有想到，牠在船底打的洞，不僅毀了船，也毀了自己。

202

智慧沙：

與人交往時，千萬不要想著去危害別人。傷害別人就是傷害自己。

把信任撒向每一個角落

在一個小鎮上有一個出名的地痞，整日遊手好閒，酗酒鬧事，人們見到他避之唯恐不及。一天，他醉酒後失手打死了前來討債的債主，被判刑入獄。

入獄後的地痞幡然悔悟，對以往的言行深深感到懊悔。一次，他協助監獄制止了一次犯人的集體越獄事件，獲得減刑的機會。

從監獄中出來後，他回到小鎮上想重新做人。他先是找地方打工賺錢，結果全被對方拒絕。這些老闆全都遭受過他的敲詐，誰也不敢讓他來工作。食不果腹的他，於是來到親朋好友家借錢，可遭到的都是一雙雙不信任的目光，他那剛充滿希望的心，於是開始滑向失望的邊緣。

這時，鎮長聽說了，就取出一千元給他，他接受這些錢時，沒有顯出過分的激動，只是平靜地看了鎮長一眼。數年後，地痞從外地歸來。他靠一千元起家，苦命拼搏，終於成了一個腰纏萬貫的富翁，不僅還清了親朋好友的舊帳，還帶回來一個漂亮的妻子。

他來到鎮長的家，恭恭敬敬地捧上了一萬元，然後說道：「謝謝您！」

事後，費解的人們問鎮長，當初為什麼相信他日後能夠還上一千元，他可是出了名借錢不還

的地痞。鎮長笑了笑，說：「我從他借錢的眼神中，相信他不會欺騙我，我那樣做是讓他感受到社會和生活不會對他冷酷和遺棄。」

智慧沙：

信任別人，歸根究柢就是信任自己的判斷。信任是伸向失望的一雙手，一個小小的動作能改變一個人的一生，把信任撒向世界的每一個角落吧，說不定在你的身邊會出現一個奇蹟。

不能為此失去

兩位武士偶然在樹林裡相遇了，他們同時看見樹上有一面盾牌。

「呀！一面銀盾！」一位武士叫了起來。

「胡說！那是一面金盾！」另一位武士說。

「明明是一面銀製的盾，你怎麼硬說是金盾呢？」

「你才強詞奪理，那明明是一面金盾！」

「我們倆素不相識，你把銀盾說成金盾，是不是故意跟我過不去？」說罷，看見銀盾的武士手握劍柄，準備決鬥。

「你才是故意與我為敵，明明是金盾，偏偏說成是銀盾！」看見金盾的武士「唰」地一聲拔

出劍來。

於是，兩位武士在樹林中拔劍出鞘，展開了慘烈的決鬥，最後兩人都受了致命的重傷。當他們向前倒下的一剎那，才看清了樹上那個盾牌，一面是金的，一面是銀的。

摘下一顆蘋果

一位老和尚，他身邊聚攏著一幫虔誠的弟子。一天，他囑咐弟子每人到南山打一擔柴回來。

弟子們匆匆行至離山不遠的河邊，人人目瞪口呆。只見洪水從山上奔瀉而下，無論如何也休想渡河打柴了。

無功而返，弟子們都有些垂頭喪氣。唯獨一個小和尚與師傅坦然相對。師傅問其故，小和尚從懷中掏出一顆蘋果，遞給師傅說：「過不了河，打不了柴，見河邊有棵蘋果樹，我就順手把樹上唯一的一顆蘋果摘來了。」後來，這位小和尚成了師傅的衣鉢傳人。

智慧沙
精華典藏版

智慧沙：

世上有走不完的路，也有過不了的河。過不了河掉頭而回，也是一種智慧。但真正的智慧還

要在河邊做一件事情：放飛思想的風箏，摘下一顆蘋果。

善良使地獄成為天堂

一位老僧坐在路旁，盤著雙腿，兩手交握在衣襟之下，雙目緊閉，陷入沉思。

突然，他的冥思被打斷。打斷他的是武士嘶啞而懇求的聲音：「老頭！告訴我什麼是天堂，什麼是地獄？」

老僧好像什麼也沒聽到，毫無反應。但他漸漸地睜開雙眼，嘴角露出一絲微笑。武士站在旁邊，迫不及待，猶如熱鍋上的螞蟻。

「你想知道天堂和地獄的祕密？」老僧說道：「你這等粗野之人，頭髮蓬亂，鬍鬚骯髒，手腳沾滿汙泥，劍上鐵銹斑斑，一看就知道你既不講衛生又沒有好好保管你的劍。你這醜陋的傢伙，你娘把你打扮得像個小丑，你還敢來問我天堂和地獄的祕密？」

武士滿臉憤怒，脖子上青筋暴露，「刷」地拔出劍來，舉到老僧頭上。

利劍將要落下，老僧忽然輕輕地說道：「這，就是地獄。」

霎時，武士驚愕不已，肅然起敬，對眼前這個敢以生命來教導他的老僧充滿崇敬和愛意。他

206

的劍停在那裡，眼裡噙滿了感激的淚水。

「這，就是天堂。」老僧說道。

智慧沙：

一切惡念、惡言、惡行，對於自己和他人都是地獄；一切善念、善言、善舉，對於自己和他人都是天堂。天堂和地獄僅一步之遙，如果人人都能棄惡從善，即使是地獄也能成為天堂。

21 告訴孩子，你真棒

沒有教不好的孩子，只有不懂教育的家長。

——一位教育專家

媽媽，請記住這兩顆蘋果

一位來自監獄的犯人在信中寫道：

有一天，媽媽拿來幾顆蘋果，紅紅的，大小各不同。小男孩一眼就看見中間一個又紅又大的，十分喜歡，非常想要。這時，媽媽把蘋果放在桌上，問他和弟弟：「你們想要哪個？」

男孩剛想說最大最紅的一個時，弟弟搶先說出了自己想說的話。媽媽聽了，瞪了弟弟一眼，責備他說：「好孩子要學會把好東西讓給別人，不能總想著自己。」於是，男孩靈機一動，改口說：「媽媽，我想要那個最小的，把大的留給弟弟吧。」

媽媽聽了，非常高興，在小男孩的臉上親了一下，並把那個又紅又大的蘋果獎勵給他。他得到了自己想要的東西，從此，也學會了說謊。之後，他又學會了打架、偷、搶，為了得到想要的東西，他不擇手段。後來，男孩被送進監獄。

另一個家庭的故事則是：

有一天，媽媽拿來幾顆蘋果，紅紅的，大小各不同。小男孩和弟弟們都爭著要大的，媽媽把那個最大最紅的蘋果舉在手中，對孩子們說：「這顆蘋果最大最紅最好吃，誰都想要得到它。很好，現在，讓我們來做個比賽，我把門前的草坪分成三塊，你們三人一人一塊，負責修剪好，誰做得最快最好，誰就能得到它！」

孩子們開始比賽除草，結果，小男孩贏得了那顆最大的蘋果。後來，這個男孩成了當地政府機構裡的重要官員。

把自己推上手術台

他來自農村，學的是醫學專業，上了幾年學校，混了幾年還是一個默默無聞的衛生所職員。

進，沒錢也沒關係的他，一輩子土裡刨食、對他寄予太多希望的老父親為此很著急，從百里外的農村老家趕來，帶著他到醫院求職。他成功地為某醫院做了一例斷腸結合手術。有熱心人士提醒他們父子要及時送

禮。禮是送了——一壺家鄉產的小磨香油，只是太輕，輕得微不足道。院長說，如果他能做斷肢

再植手術，就可以把他調進醫院。

老父親聽不出弦外之音，更著急不知要等到何時才會有斷肢的病人來這間小醫院做接肢手

術。即使有，也未必輪上兒子做。如果沒有上手術台的機會，就意味著兒子還要一直等下去。

為了兒子的前途，生性笨拙的老父親突發奇想，情急之下剁掉了自己的一個手指，在手術台

上指名要兒子做手術……

手術後拆線，看著還能彎動的手指，老父親笑了，兒子哭了，院長無話可說了。

智慧沙：

當官的父親可以用權為兒子疏通前途，經商的父親可以用錢為兒子鋪墊道路。這個父親是農

夫，兩手空空，但他的力量卻很驚人，而且創意出奇，無人敢於仿效，令人嘆為觀止。

別把大發明家槍斃

有個母親，因孩子把她剛買回家的一只金錶當成玩具拆卸擺弄壞了，就狠狠地打了孩子一

頓，並把這件事告訴了孩子的老師。

老師幽默地說：「恐怕一個『愛迪生』被槍斃了。」接著，這位老師進一步分析說：「孩子

的這種行為是創造力的表現，您不應該打孩子，要解放孩子的雙手，讓他從小有動手的機會。」

「那我現在該怎麼辦呢？」母親聽了老師的話，覺得很有道理，感到有些後悔。

「補救的辦法還是有的，」老師接著說道：「你可以和孩子一起把金錶送到鐘錶行，讓孩子站在一旁看修錶師傅如何修理，這樣，鐘錶行就成了課堂，修錶師傅就成了老師，你的孩子就成了學生，修錶費就成了學費，孩子的好奇心就可以得到滿足了。」

智慧沙：

保護孩子的好奇心，不要抹殺孩子的創造精神。我們的社會非常需要富有創造力的人。在這樣一個機遇與挑戰並存的社會，光有書本知識是遠遠不夠的，要想抓住機會，迎接挑戰，就必須具備創造力，能夠想他人不能想的事，做他人不能做的事，這樣才能擁有一定的實力。

船長到底幾歲

一位法國教育心理專家曾給上海的孩子出了一道題目：「一艘船上有七十五頭牛，三十二隻羊，那麼船長有幾歲？」專家斷言，如果有學生做出答案，那說明學校把孩子教笨了。

一九九八年，用這則笑話測驗中國沿海某市的小學生與初中生，結果做出答案的竟高達九○%，即使在上海某個重點中學的高三生，也還是有一○%得到 75 － 32 ＝ 43 歲的答案。只有

211

一○％認為此題非常荒謬，無法解答。

當然，這一○％的學生答對了，因為該題目只不過是一則歐洲笑話，不可能有答案。而做出答案的學生在回答記者提問時則說：「老師出的題目總是對的，不可能不能做。」「老師平時教育我們題目做了才能得分，不做的話一分也沒有。」還有學生認為，如果用加法應當是一○七歲，這麼大的年紀當船長不可能，因此只能是四十三歲。

法國專家感嘆：中國學生很聽老師的話，因為同一題目在法國小學做實驗時，超過九○％的同學提出了異議，甚至嘲笑老師是「糊塗蛋」。

智慧沙：
從不同的角度看問題，大膽去質疑，並且努力駕馭自己的思維，這樣的教育及教育出來的學生才會大有作為。

把糖果獎給孩子

陶行知在任育才小學校長期間，一天在校園裡看到王友同學用泥塊砸自己班上的男生，當即制止了他，並叫他放學後到校長室來。

放學後，陶行知來到校長室，王友已經等在門口準備挨訓了。可一見面，陶行知卻掏出了

一塊糖送給他，說：「這是獎給你的，因為你按時來到這裡，而我卻遲到了。」王友驚疑地接過糖。

隨後，陶行知又掏出一塊糖放到他手裡，說：「這塊糖也是獎給你的，因為當我不讓你打人時，你立即就住手了，這說明你很尊重我，我應該獎勵你。」王友更驚疑了。

陶行知又掏出第三塊糖說：「我調查過了，你用泥塊砸那些男生，是因為他們不守遊戲規則，欺負女生；你砸他們，說明你很正直善良，應該獎勵你啊！」王友感動極了，他流著眼淚承認錯誤。

陶行知滿意地笑了，他隨即掏出第四塊糖遞過去，說：「為你正確地認識了錯誤，我再獎給你一塊糖，可惜我只剩這一塊糖了，我的糖發完了，我看我們的談話也該結束了吧！」說完，就走出了校長室。

不到五分鐘的談話，卻讓王友心服口服，一生難忘。通過談話，王友不僅認識了錯誤，還意識到自己的優點，同時感受到理解和鼓勵，進而從校長身上學會了處理問題的方法。

智慧沙：

這就是教育家育人的藝術，這就是教育家的博愛、寬容與魅力。好習慣、好品格都是靠點滴積累的，讓我們多用一點心思吧。為孩子創造機會，從點滴做起。

別辜負永不凋謝的玫瑰

校園的溫室裡開出了一朵最大的玫瑰花，全校的學生都非常驚訝，每天都有許多學生來觀賞，那天早晨，蘇霍姆林斯基在校園裡散步，看見幼稚園的一個四歲女孩在溫室裡摘下了那朵玫瑰花，抓在手中，從容地往外走。

蘇霍姆林斯基很想知道這個小女孩為什麼要摘花，他彎下腰，親切地問：「孩子，妳摘這朵花是要送給誰的，能告訴我嗎？」

小女孩害羞地說：「奶奶病得很重，我告訴她學校裡有這樣一朵大玫瑰花，奶奶有點不信，我現在摘下來送給她看，看過我就把花送回來。」

聽了孩子天真的回答，蘇霍姆林斯基的心顫動了，他牽著小女孩，從溫室裡又摘下兩朵大玫瑰花，對孩子說：「這一朵是獎給妳的，妳是一個懂得愛的孩子；這一朵是送給妳媽媽的，感謝她養育了妳這樣一個好孩子。」

智慧沙：

為了愛的教育，為了我們的孩子能像個真正的人一樣站立在這個世界上，我們的教育本來就應該這樣美好。

把歡笑帶給全世界

同樣是小學三年級的學生，在作文中，他們寫著將來的志願是當小丑。

外國的老師說：「願你把歡笑帶給全世界！」

中國的老師斥之曰：「胸無大志，孺子不可教也！」

智慧沙：

身負培育國家未來棟梁重任的老師，不但要常常鼓勵多於要求，更不要狹窄地界定了成功的定義。

找到孩子喜愛的「蘿蔔」

在一條擁擠繁鬧的街道上，躺在地上的一頭驢子嚴重地阻礙了交通。幾個壯漢推也推不動，拉也拉不走。圍觀的人愈來愈多，引來了交通警察。交警想盡辦法，驢子還是躺在那裡。最後，交警掏出槍來，對著驢子說：「你再不走，我開槍了！」驢子只晃了晃牠的耳朵，依然故我。

正當人們一籌莫展時，從人群外擠進了一個老農夫。老農夫手裡拿著兩根蘿蔔，在驢子眼前晃了晃，懶洋洋的驢子眼睛立刻亮了起來。牠剛站起來，老農夫就趕緊往後退了兩步，這時人群

自動讓開一條通道，驢子就跟隨老農夫走了。

智慧沙：

我們的教育方法不一定要多高明，講的道理不一定要多高深，但要巧妙。沒有教不好的學生，也沒有不會教的老師，只不過是某些老師還沒有找到學生喜愛的「蘿蔔」。

珍貴東西慢成長

從讀小學起，阿凱就一直很努力地學習，可成績總是平平。有一段時間，他曾對自己失去信心。後來，父親帶他到公園，指著園內的兩排樹問：「你知道那些是什麼樹嗎？」他一看，一排是白楊，一排是銀杏，與高大的白楊相比，銀杏顯得十分矮小。

父親說：「我特意問過公園管理員，這兩排樹是同時栽下的。剛栽下時，都一樣高。它們享受同樣的陽光，同樣的水土，同樣的條件，到後來，白楊為什麼長得高大，而銀杏卻生得矮小呢？」

父親見他答不上來，接著說：「孩子，要知道，珍貴的東西總是慢慢成長的。」

這詩意般的語言，像一道陽光，一下子照亮了他的心頭。他努力著，努力著，從不放棄，到了高中，他的學業成績終於有了長足的進步，在全年級中名列前茅。大學聯考那年，他以優異的

216

成績考入了一所知名大學。

智慧沙：

珍貴的東西總是慢慢成長的。那些自以為愚笨的孩子，請好好記住這句話，它一定會照亮你人生的方向。

22 愛即是信

愛情的視覺不是靠眼睛，而是心靈。

—— 仙農・法菲

只有時間才能理解愛

從前有座小島，上面住著快樂、悲哀、知識和愛，還有其他各類情感。

一天，情感們得知小島快要下沉了，於是大家都忙著準備船隻離開小島。只有愛留了下來，他想要堅持到最後一刻。

過了幾天，小島真的要下沉了，愛想請人幫忙。

這時，富裕乘著一艘大船經過。

愛說：「富裕，你能帶我走嗎？」

富裕答道：「不，我的船上有許多金銀財寶，沒有你的位置。」

愛看見虛榮在一艘華麗的小船上，說：「虛榮，幫幫我吧！」

「我幫不了你，你全身都濕透了，會弄壞我這艘漂亮的小船。」

悲哀過來了，愛向他求助：「悲哀，讓我跟你走吧！」

218

「哦……愛，我實在太悲哀了，想自己一個人待一會！」悲哀答道。

快樂經過愛的身邊，但是他太快樂了，竟然沒有聽到愛在叫他！

突然，一個聲音傳來：「過來！愛，我帶你走。」

這是一位長者。愛大喜過望，竟忘了問他的名字。登上陸地後，長者獨自走開了。

愛對長者感恩不盡，問另一位長者知識：「幫我的那個人是誰？」

「他是時間。」知識老人答道。

「時間？」愛問道：「為什麼他要幫我？」

知識老人笑道：「因為只有時間才能理解愛有多麼偉大。」

智慧沙：

只有時間，也只有時間，才能理解愛有多麼偉大。因為在這個物欲橫流、金錢泛濫的年代，沒有多少人會理解愛的能量。

有時間給家裡寫封信

「親愛的爸爸媽媽：我最近很忙□，一般□，空閒□；我的功課優秀□，中等□，差□；最近一次考試成績九十分以上□，六十分以上□，不及格□；身體很棒□，有一點不舒服□，很不

好□；我準備在暑假□，寒假□，明年□回家……」

「孩子，我們知道你沒有時間寫信回家，現在，請你花一點點時間，在前面的空格裡選擇你目前的狀況，畫個『✓』，寄回給我們。信封我們已經寫好並貼了郵票，隨信附上。孩子，我們老了，不知道還有多少時間，不要讓我們久等。非常想念你的爸爸媽媽。」

這是一封不尋常的家書，每一句話都詮釋著一個動人的關愛細節。

記起珍藏在身邊的褲腰帶

遊子探親期滿離開故鄉，母親送他到車站。在車站，兒子行李的拎帶突然被擠斷，眼看就要到發車時間，母親急忙從身上解下褲腰帶，把兒子的行李包紮好。解褲腰帶時，由於心急又用力，她把臉都漲紅了。兒子問母親怎麼回家呢，母親說不要緊，慢慢走。

多少年來，兒子一直把母親這根褲腰帶珍藏在身邊。多少年來，兒子一直在想，他母親沒有褲腰帶是怎樣走回幾里地外的家的。

那扇沒上鎖的門等著你

鄉下小村莊的偏僻小屋裡住著一對母女，母親害怕遭竊，一到晚上總是在門把上連鎖三道鎖；女兒則厭惡像風景畫般枯燥而一成不變的鄉村生活，她嚮往都市，想去看看自己透過收音機所想像的那個華麗世界。某天清晨，女兒為了追求那虛幻的夢離開了母親身邊。她趁母親睡覺時偷偷離家出走了。

「媽，妳就當作沒我這個女兒吧！」可惜這世界不如她想像的美麗動人，她在不知不覺中，走向墮落之途，深陷於無法自拔的泥濘中，這時她才領悟到自己的過錯。

「媽！」經過十年後，已長大成人的女兒拖著受傷的心與狼狽的身軀，回到了故鄉。她回到家時已是深夜，微弱的燈光透過門縫滲透出來。她輕輕敲了敲門，卻突然有種不祥的預感。當她推開門時，眼前的景象把她嚇了一跳。好奇怪，母親從來不曾忘記把門鎖上的。母親瘦弱的身軀蜷曲在冰冷的地板上，睡著的模樣令人心疼。

「媽……媽……」聽到女兒的哭泣聲，母親睜開了眼睛，一語不發地摟住女兒疲憊的肩膀。

在母親懷裡哭了很久之後，女兒突然好奇地問道：「媽，今天妳怎麼沒有鎖門，有人闖進來怎麼

辦？」

母親回答說：「不只是今天，我怕妳晚上突然回來進不了家門，所以十年來門從沒鎖過。」

母親多年如一日，等待著女兒回來，女兒房間裡的擺設一如當年。這天晚上，母女兩人回復到多年前的樣子，緊緊鎖上門睡著了。

把玫瑰花親手獻給母親

有位紳士在花店門口停了車，他打算向花店訂一束花，請他們送給遠在故鄉的母親。

紳士正要走進店門時，發現有個小女孩坐在路上哭，紳士走到小女孩面前問她：「孩子，為什麼坐在這裡哭？」

「我想買一朵玫瑰花送給媽媽，可是我的錢不夠。」孩子說。紳士聽了感到心疼。

「這樣啊……」於是紳士牽著小女孩的手走進花店，先訂了要送給母親的花束，然後給小女孩買了一朵玫瑰花。走出花店時，紳士向小女孩提議，要開車送她回家。

「真的要送我回家嗎？」

「當然啊！」

「那你送我到媽媽那裡好了。可是叔叔，我媽媽住的地方，離這裡很遠。」

「早知道就不載妳了。」紳士開玩笑地說。

紳士照小女孩說的一直開了過去，沒想到走出市區大馬路之後，隨著蜿蜒山路前行，竟然來到了墓園。小女孩把花放在一座新墳旁邊，她為了給一個月前剛過世的母親獻上一朵玫瑰花，而走了一大段遠路。

紳士將小女孩送回家中後，再度折返花店。他取消了要寄給母親的花束，而改買了一大束鮮花，直奔離這裡有五小時車程的母親家中，他要親自將花獻給媽媽。

智慧沙：

知道嗎？每天回到家，當你喊出「媽媽」這兩個字還有人答應時，你是幸運和幸福的。因為在這個世界上，有許多人都沒有這樣的機會了。為逝者舉行盛大喪禮，不如在他在世時，善盡孝心。

223

騎單車的感覺更好

有一個人因為生意失敗，迫不得已變賣了新購的住宅，而且連他心愛的跑車也脫了手，改以單車代步。

一日，他和太太一起，約了幾對私交甚好的夫妻出遊，其中一位朋友的新婚妻子因為不知詳情，見到他們夫婦共乘一輛單車來到約定地點，便脫口而出：「為什麼你們騎單車來？」

眾人一時錯愕，場面變得很尷尬，但這位妻子不急不緩地回應：「我們騎單車，是因為我想抱著他。」

智慧沙：

能甘苦與共的夫婦，他們的愛是一種不離不棄的感情，無論面前是順境抑或逆境，雙方都會互相支援、共同面對。愛是發自內心的，當你時時刻刻想起當初的那份真摯，你自然知道怎樣與伴侶攜手去走以後的路。

這三個字對於女人很重要

一個遠在國外的丈夫到郵局去給他的妻子拍電報，全文是：「親愛的，我在國外很想妳，祝

妳聖誕快樂！」

在掏錢付款時，他發現身上帶的錢不夠，於是對郵局的小姐說：「為了省錢，我可不可以去掉幾個不必要的字呢？」

小姐說可以，但當她接過男子刪改過的電文時，發現去掉了「親愛的」三個字。

於是，小姐說：「先生，你還是把『親愛的』三個字添上吧，錢由我來付。你不知道，這三個字對於一個女人來說有多重要。」

智慧沙：

最真摯、最真實的愛往往就在簡單的幾個字中。「親愛的」只有三個字，卻是愛情中最無價的資產。它能把所有灰暗的日子照亮，把某個生命的季節點燃，把心與心之間的距離悄然拉近。

225

第三卷　心靈有窗

心靈是一本奇特的帳簿，只有收入，沒有
支出。任何一種文化，不經過心靈的重塑
和體驗，就會喪失人性，缺乏人道精神。
永遠要記住，心靈就是一生的寶藏，要不
斷地挖掘它。

23 在靈魂居住的地方

時間是用來浪費的，身軀是用來相愛的，生命是用來遺忘的，而靈魂，是用來歌唱的。

——吉卜賽人

失去希望也就失去了一切

有一年，一支英國探險隊進入了撒哈拉沙漠地區。茫茫的沙海裡，陽光下，漫天飛舞的風沙像燒紅的鐵砂一般，撲打著探險隊員的面孔。隊員們口渴似炎，心急如焚——大家的水都喝光了。這時，隊長拿出一個水壺，說：「這裡還有最後一壺水。但是在走出沙漠以前，誰也不能喝。」

一壺水，成了穿越沙漠的信念的源泉，成了隊員們求生的希望。水壺在隊員們的手中傳遞，那沉甸甸的感覺每每使隊員們瀕臨絕望的時候，又顯露出堅定的神色。終於，探險隊頑強地走出了沙漠，掙脫了死神的魔掌。大家喜極而泣，用顫抖的手擰開了那壺支撐他們精神和信念的水……

結果，緩緩流出來的，卻是一壺滿滿的沙子。

在心靈的廢墟上重建家園

智慧沙：

人活得就是一種精神、一種希望。不斷地給自己希望，就能克服任何困難，順利走出逆境。

如果失去了希望，也就失去了一切。

第二次世界大戰剛剛結束的時候，德國到處是一片廢墟。有兩個美國人訪問了一家住在地下室的德國居民。離開那裡之後，兩個人在路上談起感受。

甲問道：「你看他們能重建家園嗎？」

乙說：「一定能。」

甲又問：「為什麼回答得這麼肯定呢？」

乙反問道：「你有看到他們在黑暗的地下室的桌子上放著什麼嗎？」

甲說：「一瓶鮮花。」

乙接著說：「任何一個民族，處於這樣困苦災難的境地，還沒有忘記鮮花，那他們一定能夠在這片廢墟上重建家園。」

智慧沙：

一個人在遭遇困難時，只要鬥志不低落，仍然保持開朗樂觀的精神狀態，就能盡快走出低谷。積極的態度是快樂的源泉，也是希望降臨的曙光。

讓自己安靜下來

一個木匠在工作時不小心把手錶掉落在滿是木屑的地上，他一面大聲抱怨自己倒楣，一面撥動地上的木屑，想找出他那只心愛的手錶。

許多夥伴也提了燈，與他一起尋找。可是找了半天，仍然一無所獲。等這些人去吃飯的時候，木匠的孩子悄悄地走進屋裡，沒一會兒工夫，他居然把手錶給找到了！

木匠又高興又驚奇地問孩子：「你怎麼找到的？」

孩子回答說：「我只是靜靜地坐在地上，一會兒，我就聽到『滴答』、『滴答』的聲音，就知道手錶在哪裡了。」

智慧沙：

很多時候，我們都讓煩亂的心緒擾亂了自己的生命。想辦法讓自己安靜下來，傾聽內心的聲音。在靜謐和安詳的氛圍裡，你會獲得靈性的指引和無窮的力量。

230

臨終做好三件事

在中國大陸，有個普通的職員——大連市公汽聯營公司七○二路四三二二號雙層巴士司機黃志全，在行車途中突然心臟病發作。在生命的最後一分鐘裡，他做了三件事：

第一件事，把車緩緩地停在路邊，並用生命的最後力氣拉了手煞車。

第二件事，把車門打開，讓乘客安全地下了車。

第三件事，將引擎熄火，確保了車和乘客的安全。

黃志全做完了這三件事，就趴在方向盤上停止了呼吸。

> 智慧沙：
>
> 一名平凡的公車司機，在生命最後一分鐘裡所做的一切也不驚天動地，然而許多人卻牢牢地記住了他的名字。

看清你自己

一位傲氣十足的富翁，去看望一位哲學家。

哲學家將他帶到窗前說：「向外看，你看到了什麼？」

「看到了許多人。」富翁說。

哲學家又將他帶到一面鏡子前，問道：「現在你看到了什麼？」

「只看見我自己。」富翁回答。

哲學家說：「玻璃窗和玻璃鏡的區別只在於那一層薄薄的水銀，就這一點點可憐的水銀，就叫有的人只看見他自己，而看不到別人。」

智慧沙：

人貴有自知之明。無論你的成就有多高，一定要清楚天外有天，人外有人，時刻用謙虛和謹慎的作風要求自己。

愛也是上等財富

早晨，一個婦人一開門就看到三個陌生的老者坐在她家門口，好像很餓的樣子。婦人便請他們進屋吃東西。

「我們不能一同進屋。」老人說。

「那是為什麼？」

一個老人指著同伴說：「他叫財富，他叫成功，我是愛，妳現在進去和家人商量商量，看看

你們需要我們哪一個。」

婦人回去和家人商量後，決定把愛請進屋裡。誰知，愛起身朝屋裡走去，另外兩位也跟在後面。婦人很驚訝，問財富和成功：「你們兩位怎麼也進來了？」

老人們一同回答：「哪裡有愛，哪裡就有財富和成功。」

家不是你居住的大房子

盧安達內戰期間，有一個叫熱拉爾的人，三十七歲，他家有四十口人，父親、兄弟、姊妹、妻兒幾乎全部離散喪生。

最後，絕望的熱拉爾打聽到五歲的小女兒還活著。輾轉數地，冒著生命危險找到了自己的親生骨肉後，他悲喜交集，將女兒緊緊摟在懷裡，第一句話就是說：「我又有家了。」

233

智慧沙：

家是愛和親情，不是你居住的大房子。它有時在竹籬茅舍，有時在高屋華堂，有時也在無家可歸的人群中。沒有親情的人和被愛遺忘的人，才是真正沒有家的人。

為生命的花朵播種

從前有一位賢明而受人愛戴的國王，把國家治理得井井有條，人民安居樂業。國王的年紀逐漸大了，但膝下並無子女，這件事讓國王很傷心。於是他決定，在國內挑選一個孩子作為義子，培養成自己的接班人。

國王選子的標準很獨特，他給孩子們每人發一些花種子，宣佈，誰用這些種子培育出最美麗的花朵，誰就成為他的義子。

孩子們領回種子後，開始了精心的培育，從早到晚，澆水、施肥、鬆土，誰都希望自己能夠成為幸運者。有個叫傑克的男孩，也整天精心地培育花種。但是，十天過去了，半個月過去了，一個月過去了，花盆裡的種子連芽都沒冒出來，別說開花了。苦惱的傑克請教了母親，母親建議他把土換一換，但依然無效，母子倆束手無策。

國王決定的觀花日子到了。無數個穿著漂亮衣裳的孩子們湧上街頭，他們各自捧著盛開鮮花的花盆，用期盼的目光看著緩緩巡視的國王。國王環視著爭奇鬥豔的花朵與精神漂亮的孩子們，

234

但他並沒有像大家想像的那樣高興。

忽然，國王看見了端著空花盆的傑克。他無精打采地站在那裡，眼角還有淚花，國王把他叫到眼前，問他：「你為什麼端著空花盆呢？」

傑克抽噎著，他把自己如何精心栽培，但花種子怎麼也不發芽的經過說了一遍，還說，他想這是報應，因為他曾在別人的花園中偷過一顆蘋果吃。沒想到國王的臉上卻露出了開心的笑容，他把傑克抱了起來，高聲說：「孩子，我找的就是你！」

「為什麼是他？」大家不解地問國王，國王說：「我發下的種子全部是煮過的，根本就不可能發芽開花。」

捧著鮮花的孩子們都低下了頭，因為他們播下的種子都是自己重新找來的。

智慧沙：

精明的現代人有時會故意用圈套來檢驗他人的誠信。如果你禁不住誘惑，說出違心的話，做出違心的事，不僅背叛了自己的心靈，而且只能換回恥笑。

忍著不死

一位從越南歸來的美國戰地記者給ＭＢＡ學員放映一卷他在戰場上拍的影片。畫面上有一群

人奔逃，遠處突然傳來機關槍掃射的聲音，小小的人影就一一倒下了。

放完了，他問同學們看見了什麼。

「是血腥的殺人畫面！」他沒有說話，把片子倒回去，又放了一遍，並指著其中的一個人影：「你看！大家都是同時倒下去的，只有這一個，倒得特別慢，而且不是向前撲倒，而是慢慢地蹲下……」

看到同學們還是看不懂的神色，他居然哽咽了起來：「當槍戰結束之後，我走近看，發現那是一名抱著孩子的年輕媽媽，她在中槍要死之前，居然還怕摔傷了幼子而慢慢地蹲下。她是忍著不死啊！」

智慧沙：

「忍著不死！」何等偉大的母親！世界上遠不止人類有母愛。每一種動物，都有偉大的母愛。所有母愛的情感都是相通的，那就是：無所顧及地犧牲。

通過眼睛所看到的

很久以前的某一天，在美國北維吉尼亞州，有一位老人站在河邊等候過河。當時天氣很冷，又沒有橋，他只好想辦法跟別人共騎一匹馬才能到達對岸。等待了一段時間，他終於看到一群騎

馬的人來了。他讓第一個通過，然後第二個、第三個、第四個，以及第五個也順利通過。最後，僅剩下一個騎馬的人了。

他來的時候，老人看看他，並說：「先生，你能不能讓我跟你一起騎馬過河呢？」騎馬的人不假思索地說：「當然可以，請上來吧！」過河之後，老人就滑到地面站好。離去之前，這位騎馬人說：「先生，我注意到你讓其他騎馬的人通過，而沒有要求他們。但是當我來到你面前時，你立刻要求跟我一起騎馬。你為什麼不要求他們卻要求我呢？」

老人平靜地回答道：「我看他們的眼睛就瞭解他們並沒有愛，而且我自己心中知道『要求共騎一馬過河是沒有用的』。可是我一看到你的眼神，我看到同情、愛與樂於幫助。我知道你會願意讓我跟你一起騎馬過河。」這位騎馬的人非常謙虛地說：「我非常感謝你說的話，非常感謝。」

這第六位騎馬者就是湯瑪斯‧傑佛遜，後來入主白宮。

智慧沙：

眼睛是靈魂的窗戶，心靈是容貌的底片。心裡想的是什麼，都會在容貌上表現出來。你的心靈瞞不過人，如果你的內心是同情、愛與善良的，人們總會接受你。

是什麼改變了命運

一九二一年，路易士‧勞斯出任星星監獄的監獄長，那是當時最難管理的監獄。可是二十年後勞斯退休時，該監獄卻成為一所提倡人道主義的機構。研究報告將功勞歸於勞斯，當他被問及該監獄改變的原因時，他說：「這是因為我已去世的妻子——凱瑟琳的緣故，她就埋葬在監獄外面。」

凱瑟琳是三個孩子的母親。勞斯成為監獄長那年，每個人都警告她千萬不可踏進監獄，但這些話攔不住凱瑟琳。第一次舉辦監獄籃球賽時，她帶著三個可愛的孩子走進體育館，與服刑人員坐在一起。她的態度是：「我要與丈夫一道關照這些人，我相信他們也會關照我，我不必擔心什麼！」

一名被定有謀殺罪的犯人瞎了雙眼，凱瑟琳知道後便前去看望。她握住他的手問：「你學過點字閱讀法嗎？」

「什麼是『點字閱讀法』？」他問。

於是她教他閱讀。多年以後，這人每逢想起她的愛心還會流淚。

凱瑟琳在獄中遇到一個聾啞人，結果她自己到學校學習手語。許多人說她是耶穌基督的化身。在一九二一年至一九三七年之間，她經常造訪星星監獄。後來，她在一樁交通意外事故中逝世。第二天，勞斯沒有上班。消息似乎立刻傳遍了監獄，大家都知道出事了。

接下來的一天，她的遺體被運回家，她家距離監獄不到一哩路。代理監獄長早晨散步時驚愕地發現，一大群看來最凶悍、最冷酷的囚犯，都齊聚在監獄大門口。他走近看，有些人臉上竟帶著悲哀和難過的眼淚。他知道這些人深愛凱瑟琳，於是轉身對他們說：「好了，各位，你們可以去，只要今晚記得回來報到！」然後他打開監獄大門，讓一大隊囚犯走出去，在沒有守衛的情形下，去看凱瑟琳最後一面。結果，當晚每一位囚犯都回來報到，無一例外！

智慧沙：

只要是人，即便是最冷酷和殘暴的罪犯，他們的內心深處都極度渴望得到關注和愛，只是我們有時候忽視罷了。

239

24 自己就是一座寶藏

我們大多數人的體內都潛藏著巨大的才能，但這種潛能酣睡著，一旦被激發，便能做出驚人的事業來。

——奧里森‧馬登《一生的資本》

馬鈴薯和馬鈴薯是不一樣的

由於學業成績不理想，進入大學後阿凡一天天地消沉起來。蹺課、抽菸、喝酒，不該做的他全做了，不該會的他也全會了。雖然喜歡蹺課，但王教授的課他從沒蹺過。王教授的課生動有趣，對待他這樣的學生，王教授從不歧視，還不時地提問一些簡單的問題，然後表揚一番。

一次，阿凡在作業本裡夾了一張紙條：王教授，現在大學生比馬鈴薯還便宜，是嗎？

那天，王教授把他叫進家裡，四菜一湯，師生兩個喝得不亦樂乎。酒過三巡後，王教授拿出一粒又小又青的馬鈴薯說：「你知道它值多少錢嗎？皮多肉少又有毒，告訴你，白送也不要。」

教授把馬鈴薯扔進垃圾筒。接著，又拿出一粒一斤多重的馬鈴薯說：「這樣的馬鈴薯，一塊錢一斤！」

然後，教授略帶酒意地說：「記住，馬鈴薯和馬鈴薯是不一樣的。」

你是一顆無價的寶石

智慧沙：

馬鈴薯的不同在於它們品質的差別，命運的不同在於個人的努力。即使是同樣的人，也會有不同的故事和人生。

一個孤兒向高僧請教如何獲得幸福。高僧指著一塊陋石說：「你把它拿到集市去，但無論誰要買這塊石頭，你都不要賣。」

孤兒來到集市賣石頭，第一天、第二天無人問津，第三天有人來詢問。第四天，石頭已經能賣到一個很好的價錢了。

高僧又說：「你把石頭拿到石器交易市場去賣。」第一天、第二天人們視而不見，第三天，有人圍過來問，以後的幾天，石頭的價格已被抬得高出了石器的價格。

高僧又說：「你再把石頭拿到珠寶市場去賣……」

你可以想像得到，又出現了那種情況，甚至到了最後，石頭的價格已經比珠寶的價格還要高了。

241

走出去，承受風雨的襲擊

院子裡有兩棵樹。其中一顆樹因為有高牆的庇護，長得高大挺直，但另一棵樹就大不一樣，因為要承受風雨的襲擊，只得隨風生存，所以樹幹彎曲斑駁，非常難看。

夏天，一場罕見的颱風襲擊了城市。颱風過後，人們被眼前的情形震住了：高牆倒了，那棵挺直的大樹也被齊腰折斷，然而那棵斑駁的樹，雖然又傾斜了一些，但依舊傲然向上。

莫把沉香在羨慕中拋棄

有一位年老的富翁，非常擔心他從小嬌生慣養的兒子的前途。雖然他有龐大的財產，卻害怕留給兒子反而帶來禍害。他想，與其留財產給兒子，不如教他自己去奮鬥。於是，他把兒子叫來，對兒子說了他如何白手起家，經過艱苦的拼搏才有今天。

父親的故事感動了這位從未出過遠門的青年，激發了他奮鬥的勇氣，於是他立下誓願：「如果找不到寶物，絕不返鄉。」

青年打造了一艘堅固的大船，在親友的歡送中出海。他駕船渡過了險惡的風浪，經過無數的島嶼，最後在熱帶雨林中找到一種樹木。這種樹木高達十餘公尺，在一片雨林中只有一、兩株。砍下這種樹木，經過一年時間讓外皮朽爛，留下木心沉黑的部分，會散出一種無比的香氣。放在水中，它不像別的樹木浮在水面，而會沉到水底去。青年心想：這真是無價的寶物呀！

青年把這香味無以比擬的樹木運到市場出售，可是沒有人來買。偏偏在與他相鄰的攤位上有人在賣木炭，那小販的木炭總是很快就賣光了。剛開始的時候青年還不為所動，日子一天天過去，他的信心終於動搖了，他想：既然木炭這麼好賣，為什麼我不把香樹變成木炭來賣呢？

第二天他把香木燒成炭，挑到市場，果然一會兒就賣光了。青年非常高興自己能改變心態，得意地回家告訴他的老父。但老富翁聽了，卻忍不住落下淚來。原來，青年燒成木炭的香木，正

自己才是一支箭

春秋戰國時代，一位父親和他的兒子出征打仗。父親已做了將軍，兒子還只是馬前卒。一陣號角吹響，戰鼓雷鳴了，父親莊嚴地托起一個箭囊，其中插著一支箭。父親鄭重地對兒子說：

「這是家傳寶箭，配帶在身邊，力量無窮，但千萬不可抽出來。」

那是一個極其精美的箭囊，厚牛皮打製，鑲著幽幽泛光的銅邊。再看露出的箭尾，一眼便能認定是用上等的孔雀羽毛製作。兒子喜上眉梢，貪婪地推想箭桿、箭頭的模樣，耳旁仿佛有嗖嗖地箭聲掠過，敵方的主帥應聲折馬而斃。

果然，配帶寶箭的兒子英勇非凡，所向披靡。當鳴金收兵的號角吹響時，兒子再也禁不住得勝的豪氣，完全背棄了父親的叮囑，強烈的欲望驅趕著他呼一聲就拔出寶箭，試圖看個究竟。可是，驟然間，他驚呆了：一支斷箭！箭囊裡裝著一支折斷的箭！我竟然帶著一支斷箭打仗！

許多人手裡有「沉香」卻不知道它的珍貴，反而羡慕別人手中的木炭，最後竟丟棄了自己的珍寶。

是這個世界上最珍貴的樹木「沉香」，只要切下一小塊磨成粉屑，價值就會超過一車的木炭。

244

兒子嚇出了一身冷汗，仿佛頃刻間失去支柱的房子，意志轟然坍塌了。結果不言自明，兒子慘死於亂軍之中。

智慧沙：

自己才是一支箭，若要它堅韌，若要它鋒利，若要它百步穿楊，百發百中，磨礪它的都只能是自己。不相信自己的意志，永遠也做不成將軍。

這不僅是上天的恩賜

有位勤勞的農夫在一塊無人肯播種的荒地上辛苦耕作。路人看到他在這塊堆滿了磚瓦和生滿樹根的瘦土裡耕作，都嘲笑他：「喂，老頭，你是在挖金子吧！」

對於路人的嘲笑，農夫是一聲不吭，埋頭苦幹，清除了磚瓦，剷除了地下盤繞的樹根，然後開始整理，施肥。一晃幾年過去了，到了收穫時節，農夫滿懷喜悅地在田裡收穫。這時，一位趕著牛車的年輕人對老農喊道：「喂，老大爺，你哪輩子積了大德，上天恩賜了你這麼一塊肥沃的土地。」

農夫擦了一下臉上的汗珠，大聲回答：「年輕人，上天恩賜我這塊寶地時，人家都罵我是個老傻瓜。」

智慧沙：

許多人只看到別人成功後的顯赫、富足，從不過問他成功之前的艱辛和苦累，這也許就是世界上八〇％的人們仍然在貧困和平庸中掙扎的原因吧。

把難度再調高一點

一位音樂系的學生走進練習室。在鋼琴上，擺著一份全新的樂譜。

「超高難度……」他翻著樂譜，喃喃自語，感覺自己對彈奏鋼琴的信心似乎跌到谷底，消弭殆盡。已經三個月了！自從跟了這位新的指導教授之後，不知道為什麼教授要以這種方式整人。勉強打起精神，他開始用自己的十指奮戰、奮戰、奮戰……琴音蓋住了教室外面教授走來的腳步聲。

指導教授是個極其有名的鋼琴家。授課的第一天，他給自己的學生一份樂譜。「試試看吧！」他說。

樂譜的難度頗高，學生彈得生澀僵滯、錯誤百出。「還不成熟，回去好好練習！」教授在下課時，如此叮嚀學生。

學生練習了一個星期，第二週上課時，正準備讓教授驗收，沒想到教授又給他一份難度更高的樂譜，「試試看吧！」上星期的課教授也沒提。學生再次掙扎著接受更高難度的技巧挑戰。

第三週，更難的樂譜又出現了。同樣的情形持續著，學生每次在課堂上都被一份新的樂譜所困擾，然後把它帶回去練習，接著再回到課堂上，重新面臨兩倍難度的樂譜，卻怎麼樣都追不上

進度，一點也沒有因為上週練習而有駕輕就熟的感覺，學生感到愈來愈不安、愈來愈沮喪和氣餒。

教授走進練習室。學生再也忍不住了，他向鋼琴家提出這三個月來何以不斷折磨自己。教授沒開口，他抽出最早的那份樂譜，交給了學生。「彈奏吧！」他以堅定的目光望著學生。

不可思議的事情發生了，連學生自己都驚訝萬分，他居然可以將這首曲子彈奏得如此美妙、如此精湛！教授又讓學生試了第二堂課的樂譜，學生依然呈現出超高水準的表現……演奏結束後，學生怔怔地望著教授，說不出話來。

「如果我任由你表現最擅長的部分，可能你還在練習最早的那份樂譜，就不會有現在這樣的程度……」鋼琴家緩緩地說。

智慧沙：

人們往往習慣於表現自己所熟悉、所擅長的領域。但如果你願意回首就會恍然大悟：從前看似緊鑼密鼓的工作挑戰，永無歇止難度漸升的環境壓力，早在不知不覺間讓你練就了今日的高超技藝。

自己就是一座寶藏

美國《多倫多日報》曾刊登一則頭條新聞：身價十萬美金的老乞丐死了！

智慧沙
精華典藏版

這條新聞轟動一時，成為街頭巷尾人們茶餘飯後的熱門話題。這條新聞敘述了一名老乞丐，每天在街頭行乞及收集一些人們丟棄不要的東西，然後帶回破爛不堪的居所。人們基於同情，往往都會給他幾個硬幣，日復一日，年復一年，在人們的心目中，他只是一個窮乞丐罷了。

然而，第二次世界大戰過後不久，這名老乞丐病死了，由於他沒有親友，警方前來處理善後，這時，警方竟在他那間木屋內發現了總值超過十萬美元的硬幣及舊錢！許多人知道後，都不約而同地問：為什麼老乞丐不利用這些錢，過上好日子呢？

智慧沙：

每個人都擁有取之不盡、用之不竭的寶藏。我們不要像老乞丐那樣，只是向人乞討，希望得到別人的憐憫。反之，應盡情發揮自己的才華及潛能，讓自己的價值得到應有的體現。

真正的生命藥方

兩個盲人靠說書彈三弦糊口，老者是師傅，七十多歲；徒弟不到二十歲。師傅已經彈斷了九百九十九根弦子，離一千根只剩下一根了。師傅的師傅臨死時曾對師傅說：「我這裡有一張復明的藥方，我將它封進你的琴槽中，當你彈斷第一千根琴弦時，才可取出藥方。記住，你彈斷每一根弦時都必須是盡心盡力的，否則，再靈的藥方也會失去效用。」

248

那時，師傅只是二十歲的青年，可如今，他已皓髮銀鬚。五十年來，他一直懷著復明的夢想。他知道，那是一張祖傳的祕方。但是他的師傅記錯了應彈斷弦子的數目，八百根時就打開了那張紙，所以他至死也未復明。

一聲脆響，師傅心頭一陣狂喜，甚至顧不上和前來聽他彈琴的鄉親們說聲抱歉，也顧不上帶上徒弟，就一個人向城中的藥鋪匆匆趕去。

當他滿懷虔誠、滿懷期望等取草藥時，掌櫃告訴他：那是一張白紙。他的心「咚」地跌入冰窖，腦袋裡「嗡」地響了一下，他努力抓住櫃檯平衡身體，平靜下來後，他明白了一切⋯⋯他不是早就得到了那個藥方了嗎？曾經因為有這個復明藥方的召喚，他才有了生存的勇氣。他在謀生中，說書彈弦，受人尊敬，他學會了愛與被愛，在生存的快樂中，他早忘記自己是個盲人——他其實早已復明於那些勞碌的時刻。

回家後，他鄭重地對徒弟說：「我這裡有一張復明的藥方。我將它封入你的琴槽，當你彈斷第一千兩百根弦時，才能打開它，記住：必須用心去彈，師傅將這個數錯記為一千根了⋯⋯」

徒弟虔誠地允諾著，他看不見師傅的一雙枯眼已噙滿淚水，師傅心中暗暗的想：也許他一生也彈不斷一千兩百根弦⋯⋯

249

學做一杯雞尾酒

在一次盛大的宴會上，中國人、俄國人、德國人、義大利人都爭相誇耀自己的酒，只有美國人笑而不語。中國人首先拿出古色古香、做工精細的茅台，打開瓶蓋，香氣四溢，眾人為之稱道。

緊接著，俄國人拿出伏特加，義大利人亮出葡萄酒，德國人取出威士忌，真是異彩紛呈呀！

最後，大家都把目光投向了美國人，想看看他到底能拿出什麼來。結果，那美國人不慌不忙地站起來，把大家先前拿出來的各種美酒分別倒了一點在一只酒杯裡，將它們兌在一起，說：

「這叫雞尾酒，它體現了我們美國民族的精神——博採眾長，綜合創造……」

的確，這酒既有茅台的醇，又有伏特加的烈；既有葡萄酒的酸甜，又有威士忌的後勁……

25 首先學會愛自己

自己豐富才能感知世界的豐富；自己善良才能感知世界的美好；自己坦蕩才能逍遙地生活在天地間。

——王蒙《逍遙》

觀世音菩薩也唸佛

有一天佛印禪師與蘇東坡在郊外散步。走著走著，他們來到了一座小廟。

蘇東坡走進廟裡，廟裡供著觀世音菩薩，菩薩手中握著一串念珠，好像正聚精會神地唸著佛號。

蘇東坡心生疑問，對佛印禪師說：「我們常常在拜觀世音菩薩，口中不停地唸著觀世音菩薩。可是觀世音菩薩好像也在唸佛啊！祂到底在唸著誰的名號呢？」

佛印禪師笑著說：「祂也唸自己的名號啊！」

蘇東坡不以為然地說：「自己唸自己的名號，又有什麼用呢？」

佛印禪師道：「求人不如求己啊！」

智慧沙：
求人不如求己。把希望寄託於別人，收到的只能是失望。只有相信自己的力量，才會創造出自己想要的成功。

放下這杯水

講師在課堂上拿起一杯水，問學生：「各位認為這杯水有多重？」學生們有的說二十公克，有的說五百公克。講師則說：

這杯水的重量並不重要，重要的是你能拿多久？

拿一分鐘，你覺得沒問題；

拿一個小時，你可能覺得手痠；

拿一天，你可能就要叫救護車了。

智慧沙：
如果我們一直把壓力放在身上，不管時間長短，到最後，我們都會覺得壓力愈來愈沉重，以致無法承擔。我們應該放下這杯水，休息一下後再拿起這杯水，如此我們才能夠拿得更久。

再多的寶藏有什麼用

有一個貪財的人，擁有數不清的土地和金錢。一個夏天的下午，他去尋找埋在田野裡的寶藏。一路上，他口渴得要命，好不容易遇到一個賣檸檬水和利口酒的商販，一問價錢，又覺得太貴了。

他自言自語地說：「這太貴了，我要快點趕路，等找到寶藏後回到家裡去喝水，這樣就一點錢也不用花了。」

他繼續趕路，口渴不停地折磨著他，等到了埋藏寶藏的地方，他已經渴得快要死了。等他掙扎著把寶藏挖出來時，已經不能動彈了。他把金子放在面前，向蒼天哀求把它們變成一滴水給自己解渴。可是，唉！他已經死了。

不要太在意

一位白髮蒼蒼的諾貝爾物理學獎獲得者與一個年輕的歌星同機飛抵某市。他們下飛機步至機場內時，歌星被歌迷們圍得水洩不通，老科學家則無人問候。

事後有人為科學家抱不平，科學家卻說：「歌星是面對面地為人們服務的，我們是背對地為大家服務的。所以人們當然面向他們，背向我們。面對著這麼多的人，歌星可以唱歌，我們可以做實驗、思考問題嗎？不能。」

智慧沙：
我們應當明白，社會上大多數人是背對背地為其他人服務的，你也許就是其中的一個。只有這樣想，當你得不到欣賞時，自然也就心安理得了。

努力活出明天

法國有一個偏僻的小鎮，據傳有一個特別靈驗的水泉常會出現奇蹟，可以醫治各種疾病。有一天，一個拄著拐杖、少了一條腿的退伍軍人，一跛一跛地走過鎮上的馬路，旁邊的鎮民帶著同情的口吻說：「可憐的傢伙，難道他要向上帝祈求再有一條腿嗎？」

這句話被退伍的軍人聽到了，他轉過身對他們說：「我不是要向上帝祈求有一條新的腿，而是要祈求他幫助我，教我沒有一條腿後，也知道如何過日子。」

不猶豫不後悔

印度有一位哲學家，飽讀經書，富有才情，很多女人迷戀他。一天，一個女子來敲他的門，說：「讓我做你的妻子吧！錯過我，你將再也找不到比我更愛你的女人了！」哲學家雖然很喜歡她，卻回答說：「讓我考慮考慮！」

哲學家用一貫研究學問的精神，將結婚和不結婚的好壞所在分別羅列下來，結果卻發現兩種選擇好壞均等，他不知道該怎麼辦，於是陷入了長期的苦惱之中，無論找出什麼新的理由，都只是徒增選擇的困難。

最後，他得出一個結論——人若在面臨抉擇而無法取捨時，應該選擇自己尚未經歷過的那一個。不結婚的處境我是清楚的，但結婚會是怎樣的情況我還不知道。對！我該答應那個女人的央求。

於是，哲學家來到女人的家中，問女人的父親：「你的女兒呢？請你告訴她，我考慮清楚了，我決定娶她為妻！」然而女人的父親卻冷漠地回答：「你來晚了十年，我女兒現在已經是三個孩子的媽了！」

哲學家聽了，幾乎崩潰。他萬萬沒有想到，向來引以為傲的哲學頭腦，最後換來的竟是一場悔恨。兩年後，哲學家抑鬱成疾。臨終前，他將自己所有的著作丟入火堆，只留下一句對人生的批註——如果將人生一分為二，那麼我們前半段人生哲學應該是「不猶豫」，而後半段的人生哲學應該是「不後悔」。

智慧沙：
人在旅途機會難得，不要猶豫，不要拖延；人生有很多事情值得去做，何必把時間浪費在後悔上。不猶豫，不後悔，實是睿智提醒。

什麼東西對你來說最重要

正值午餐時間，一個美國人和朋友走在紐約市中心的曼哈頓時代廣場上，街上擠滿了行人，汽車的喇叭聲此起彼伏，整個城市幾乎震耳欲聾地響。突然，這個美國人說：「我聽到了一隻蟋蟀的叫聲。」

朋友說：「什麼？你瘋了！在這麼吵鬧的地方是不可能聽到蟋蟀的叫聲的。」

「不，我很肯定，」美國人說：「我是聽到了一隻蟋蟀。」

這個美國人仔細聽了一會兒，然後穿過大街，來到一個長著灌木的水泥大花池前。他仔細地聽了一會兒，然後很自信地在灌木枝的底下找到了一隻蟋蟀。朋友見狀完全驚呆了。

「真是難以置信，」他的朋友說：「你一定有一對超人的耳朵。」

「不，」美國人說：「我的耳朵和你的沒什麼不一樣，關鍵是你在聽些什麼。」

「這是不可能的！」朋友說：「在這麼吵鬧的地方，我就聽不到蟋蟀的叫聲。」

「是的，這倒是真的。這要看什麼東西對你來說才是最重要的。來，讓我做給你看。」

這個美國人掏出錢包，倒出幾枚硬幣，然後小心翼翼地扔在人行道上，大街上的吵鬧聲依舊，然而，他們看到在附近的行人都不約而同地把頭轉了過來，盯著人行道上叮噹作響的硬幣，看會不會是自己掉下來的。

「明白我的意思了嗎？」這個美國人說：「關鍵是要看什麼東西對你來說才是最重要的。」

智慧沙：

什麼東西對你來說最重要，這是每個人都要考慮的問題。只是，有人把答案留在了墳墓裡，有人把它記在了人生的座標上。想要活得充實，你得知道你到底想得到什麼。

同樣值得驕傲

哈里·S·杜魯門當選美國總統後,有記者到他的家鄉採訪他的母親。記者首先稱讚道:

「有哈里這樣的兒子,您一定感到十分自豪。」

「是這樣。」杜魯門的母親贊同道:「不過,我還有一個兒子,也同樣讓我感到自豪。」

「他是做什麼的呢?」記者問。

「他正在田裡挖馬鈴薯。」

智慧沙:

認真地做事,快樂地生活,不論你的成就高低,你都值得母親驕傲。

生命不能太負重

一個青年背著一個大包裹千里迢迢趕來找無際大師,他說:「大師,我是那樣的孤獨、痛苦和寂寞,長期的跋涉使我疲倦到極點;我的鞋子破了,荊棘割破雙腳;手也受傷了,流血不止;嗓子因為長久的呼喊而沙啞……為什麼我還不能找到心中的陽光?」

無際大師問:「你的大包裹裡裝了什麼?」

青年說：「它對我可重要了，裡面是我每一次跌倒時的痛苦，每一次受傷後的哭泣，每一次孤寂時的煩惱……靠著它，我才能走到您這兒來。」

於是，無際大師帶青年來到河邊，他們坐船過了河。上岸後，大師說：「你扛了船趕路吧！」

「什麼，扛了船趕路？」青年很驚訝：「它那麼沉，我扛得動嗎？」

「是的，孩子，你扛不動它。」無際大師微微一笑，說：「過河時，船是有用的。但過了河，我們就要放下船趕路。否則，它會變成我們的包袱。痛苦、孤獨、寂寞、災難、眼淚，這些對人生都是有用的，它能使生命得到昇華，但須與不忘，就成了人生的包袱。放下它吧！孩子，生命不能太負重。」

青年放下包袱，繼續趕路，他發覺自己的步子輕鬆而愉悅，比以前快得多。原來，生命是可以不必如此沉重的。

智慧沙：

痛苦、孤獨、寂寞、災難、眼淚，這些對人生都是有用的，它能在一定條件下使生命得到昇華。但是如果不把它們放下，就會成為人生的包袱。畢竟，生命不能太負重。

259

26 給心靈洗個澡

心靈像上帝，行動如乞丐。

——ＢＭ總裁送給兒子的座右銘

禮物歸誰

佛陀在旅途中碰到一個不喜歡他的人，連續好幾天，好長一段路，那個人都用盡各種方法來侮辱他。最後，佛陀轉身問那個人：「若有人送你一份禮物，但你拒絕接受，那麼這份禮物最後會屬於誰呢？」

那個人回答：「屬於原本送禮的那個人。」

佛陀笑著說：「沒錯。若我不接受你的謾罵，那你就是在罵自己囉？」

那個人摸摸鼻子走了。

智慧沙：

只要心靈健康，別人怎麼樣都不會影響我們。相反，如果我們一味地在乎別人的說法或做法，就會失去自主權，受人支配。

險峰急流與你何干

這是一處地勢險惡的峽谷。湍急的水流奔騰而下，幾根光禿禿的鐵索橫亙在懸崖峭壁間，這就是過河的橋。

有三個人來到橋頭。一個盲人，一個聾子，一個耳聰目明的健全人。三個人一個接一個地抓住鐵索，凌空行進。結果是：盲人、聾子過了橋，那個耳聰目明的人跌了下去，喪了命。

難道耳聰目明的人不如盲人、聾人嗎？他的弱點恰恰源於耳聰目明。

盲人說：「我眼睛看不見，不知山高橋險，心平氣和地攀索。」聾人說：「我的耳朵聽不見，不聞腳下咆哮怒吼，恐懼相對減少了很多。」

用「裂縫」來澆灌鮮花

挑水工有兩個水罐，一個完好無缺，一個有一條裂縫。

每天早上，挑水工都拎著兩個水罐去打水，但到家的時候，有裂縫的水罐通常只剩下一半的水，所以完美的水罐常常嘲笑有裂縫的水罐，而有裂縫的水罐難過地因此十分自卑。

終於有一天，在挑水工打水的時候，有裂縫的水罐難過地哭了。它對挑水工嗚咽道：「真對不起，因為我的裂縫，每天浪費了您很多時間。」

挑水工聽了說：「不，沒有浪費。不信，你可以看一下回家路上的那些鮮花。」說完，挑水工又拎著水罐往回走。

果然，有裂縫的水罐發現，不知何時，自己這邊的小路上開滿了各種鮮花，而好水罐的那邊卻沒有。

挑水工邊走邊說：「我在你這邊的路上撒下了花種，正因為你的裂縫，才使它們每天都喝到足夠的水，開出了美麗的鮮花。若不是你，我怎麼可能每天採花，裝飾自己的家園呢？」有裂縫的水罐聽到這兒，高興地笑了。

智慧沙：
人生旅途中，難免有些不如意的「裂縫」。只要我們善於利用這些「裂縫」，它們依然可以開出裝點心靈家園的美麗「鮮花」。

為生命祈禱

清晨，約翰正像往常那樣散步，一輛大垃圾車停在了約翰身邊。約翰以為那司機要問路，他卻向約翰出示了一張照片，那是一個非常可愛的五歲男孩。

「這是我的孫子傑樂米。」他說：「他躺在費尼克斯醫院裡，靠人工心臟生活。」約翰想他是想讓我捐款，就伸手去摸錢包。可他不要錢。

他說：「我向每一個遇到的人請求他們為傑樂米禱告。請你也為他禱告一次，好嗎？」

約翰做了。那天，約翰覺得自己的問題好像沒那麼重要了。

做好份內該做的事

一個小男孩哭著回家了。因為在學校的活動裡，老師派他扮演一個小角色，而他的同學卻扮演主要角色。

母親聽後，冷靜地把自己的錶放在男孩的手心裡，問男孩：「你看到什麼？」男孩回答說：

「金錶殼和指針。」母親把錶背打開後，又問男孩同樣的問題，他看到許多小齒輪和螺絲。

母親對男孩說：「這個錶假使缺少這些零件中的任何一件，便不能走了，就連那些你幾乎看

不到的零件也是一樣重要。」

智慧沙：

無論我們在工作中充當什麼樣的角色，只要是份內應該做的事，就應當盡力把它做到最好。

再小的事、再不起眼的小角色，也有它存在的價值和意義。

為自己鋪路

在一場異常激烈的戰鬥中，一架敵機正飛速地向陣地俯衝下來。正當班長準備臥倒時，他突

然發現離自己四、五公尺遠處，有一個小戰士還直愣愣地站在那兒。班長顧不上多想，一下子撲

了過去，將小戰士緊緊地壓在身下。

一聲巨響過後，班長站起身來拍拍落在身上的泥土，正準備教育這位小戰士時，回頭一看，

嚇呆了⋯剛才自己所處的那個位置被炸成了一個大坑。

害人終害己

智慧沙：

在前進的路上，搬開別人腳下的絆腳石，有時恰恰就是為自己鋪路。心疼別人，有時就是心疼我們自己。

從前有個婆羅門，娶了個媳婦年輕漂亮，但是心存淫蕩。因為有婆婆在家，不得恣意妄為，於是她設計了一條奸計要害婆婆。

她表面上對婆婆很好，這使得丈夫對她深信不疑，心存感激。然後，媳婦花言巧語地對丈夫說：「像我這樣供養婆婆，婆婆只是享了人間的福，算得了什麼。如果讓婆婆得到天堂的供養，那才是我的心願呢！有沒有什麼妙法，可以讓人升天？」

她的丈夫回答說：「婆羅門教有一種方法，跳入火坑，就可以升天。」

那女人說：「如果有這種方法，可以使婆婆升天，享受天堂的供養，豈不更好？」

丈夫相信了妻子的話，在野外挖了一個大坑，積滿了柴草，準備完畢，召集親友，開了一個升天的盛會。親友們盡歡一日，紛紛散去，夫妻倆便將老母扶到坑邊，推入火坑，轉身走了。

他們沒料到，火坑中還有一個小台階，老人家掉在台階上，竟然沒有被火燒死。

老人家從火坑中爬出來，沿著原路往家走，但是天已經很黑了，她怕遇上危險，就攀上一棵

矮樹。正巧碰上一夥強盜偷了許多財寶，來到樹下休息。老人家嚇得不敢動彈，但忍不住咳了一聲。強盜聽到咳聲，以為是什麼鬼怪，嚇得捨棄財寶，各自逃散。到了早晨，老人家從樹上下來，選取各種財寶，滿載而歸。

夫妻倆一見到老母，以為是鬼魂，不敢近前。老人家就對他們說：「我死後升天，獲得許多財寶。」又對兒媳說：「這些寶珠、金玉、首飾等等，都是妳的父母、姑姑、姨娘、姊妹們送給妳的。由於我太老了，身體太弱，不能多拿，妳在天上的親屬說了，讓妳去一趟，隨便妳挑。」

這個兒媳信以為真，便也學著婆婆的樣子，投身火坑，還對丈夫說：「婆婆因投火坑得到這麼多的財寶，如果我去，一定可以拿到更多的財寶。」但是，她沒有婆婆那麼幸運，投入火坑，一下就被燒死了。

這樣做並不難

一位紐約商人看到一個衣衫襤褸的鉛筆推銷員，頓生一股憐憫之情。他把一塊錢丟進賣鉛筆

人的懷中就走開了，但他又忽然覺得這樣做不妥，於是連忙返回，從賣鉛筆人那裡取出幾支鉛筆，並抱歉地解釋說自己忘記取筆了，希望不要介意。最後他說：「你跟我都是商人。你有東西要賣，而且上面有標價。」

幾年過後，在一個社交場合，一位穿著整齊的推銷商迎上這位紐約商人，並自我介紹：「你可能已經忘記我了，我也不知道你的名字，但我永遠忘不了你，你就是那個重新給了我自尊的人。我一直覺得自己是個推銷鉛筆的乞丐，直到你跑來並告訴我，我是一個商人為止。」

智慧沙：

給予陷入困境的人無私的幫助的確很重要，但更重要的是，我們還應讓他意識到自己的價值：只有充分相信自己，才有決心去擺脫困難，證明自己絕對不是一個弱者。

製造慈眉善目的面具

從前，有一個青年以製造面具謀生。有一天，他的一位遠方朋友來訪，見面就問他：「你近來臉色不太好，到底是什麼事使你生氣呢？」

「沒有呀！」

「真的嗎？」他的朋友好像不大相信，也就回去了。

過了半年，那位朋友再度來訪，見面就說：「你今天的臉色特別好，和從前完全不同，有什麼事使你這麼高興啊？」

「沒有呀！」他還是這麼回答。

「不可能的，一定有原因。」他的朋友道。

在他們交談後，這個青年才想起，原來半年前，他正忙著做魔鬼強盜等凶殘的假面具，做的時候，心裡總是在想咬牙切齒、怒目相視的面相，因此自然也表露在臉上，看起來很可怕。而最近，他正在做慈眉善目的假面具，心裡所想的都是可愛的笑容，臉上自然也隨著柔和許多。

一個人心裡想什麼，有什麼意圖，很自然地就會呈現在臉上，這絕對無法掩飾。因此，當我們與別人交往時，只要以誠意和愛去交流，對方也會感受到這種情感，進而更加接近我們。

你錯怪了別人的好意

某日，張三在山間小路開車，正當他悠哉地欣賞美麗風景時，突然迎面開來一輛貨車，而且滿口黑牙的司機還按下車窗對他大罵一聲：「豬！」

張三愈想愈納悶，也愈想愈氣，於是他也按下車窗回頭大罵：「你才是豬！」

剛剛罵完，張三便迎頭撞上一群橫過馬路的豬。

看著鏡子中的自己

這是一個真實故事，故事發生在非洲一個國家。那個國家的白人政府實施「種族隔離」政策，不允許黑皮膚人進入白人專用的公共場所。白人也不喜歡與黑人來往，認為他們是低賤的種族，避之唯恐不及。

有一天，有個長髮的洋妞在沙灘上做日光浴，由於過度疲勞，她睡著了。當她醒來時，太陽已經下山。因為肚子餓，她便走進了沙灘附近的一家餐館。她推門而入，選了張靠窗的椅子坐下。坐了約十五分鐘，卻沒有侍者前來招待她。她看著那些侍者都忙著招待比她來得還遲的顧客，對她則不屑一顧，頓時滿腔怒氣，想走向前去責問那些侍者。

當她站起身來，正想向前時，眼前有一面大鏡子。她看著鏡中的自己，眼淚不禁奪眶而出。

原來，她已被太陽曬黑了。此時，她才真正體會到黑人被白人歧視的滋味！

懷念這雙手

一份報紙在感恩節的社論版上有一則故事，說到一位教師要求她所教的一班小學生畫下最讓他們感激的東西。她心想能使這些窮人家小孩心生感激的事物一定不多，她猜他們多半是畫桌上的烤火雞和其他食物。當看見杜格拉斯的圖畫時，她十分驚訝，那是以童稚的筆法畫成的一隻手。

誰的手？全班都被這抽象的內容吸引住了。

「這是上帝賜給我們食物的手。」一個孩子說。

「一位農夫的手。」另一個孩子說。

等到全班都安靜下來，繼續做各人的事時，老師才過去問杜格拉斯，那到底是誰的手。

「老師，那是妳的手。」孩子低聲說。

270

這位教師記得自己經常在休息時間，牽著孤寂無伴的杜格拉斯散步。她也經常如此對待其他孩子，但對杜格拉斯來說，這也許特別有意義。

平靜並不等於沒有紛亂

國王提供了一份獎金，希望有畫家能畫出最平靜的畫。許多畫家都來應試。國王看完所有的畫，只有兩幅最被他喜愛，他決定從中作出選擇。

一幅畫是一個平靜的湖，湖面如鏡，倒映出周圍的群山，上面點綴著如絮的白雲。大凡看到此畫的人都同意這是描繪平靜的最佳圖畫。

另一幅畫也有山，但都是崎嶇和光禿的山，上面是憤怒的天空，下著大雨，雷電交加。山邊翻騰著一道湧起泡沫的瀑布，看來一點都不平靜。但當國王靠近一看時，他看見瀑布後面有一細小的樹叢，其中有一雌鳥築成的巢。在那裡，在怒奔的水流間，雌鳥坐在牠的巢裡——完全的平靜。

智慧沙
精華典藏版

哪幅畫贏得獎賞？國王選擇了後者。

「因為，」國王解釋道：「平靜並不等於一個完全沒有困難和辛勞的地方，而是在那一切的紛亂中，心中仍然平靜，這才是平靜的真正意義。」

智慧沙：
平靜並不等於一個完全沒有困難和辛勞的地方，而是在那一切的紛亂中，心中仍然平靜，這才是平靜的真正意義。

一個髮夾

國王有七個女兒，這七位美麗的公主是國王的驕傲。她們那一頭烏黑亮麗的長髮遠近皆知，所以國王送給她們每人一百個漂亮的髮夾。

有一天早上，大公主醒來，一如往常地用髮夾整理她的秀髮，卻發現少了一個髮夾，於是她偷偷地到二公主的房裡拿走一個髮夾。二公主發現少了一個髮夾，便到三公主房裡拿走一個髮夾；三公主發現少了一個髮夾，也偷偷地拿走四公主的一個髮夾；四公主如法炮製拿走了五公主的髮夾；五公主一樣拿走六公主的髮夾；六公主只好拿走七公主的髮夾。於是，七公主的髮夾只剩下九十九個。

272

第二天，鄰國英俊的王子忽然來到皇宮，他對國王說：「昨天我養的百靈鳥叼回了一個髮夾，我想這一定是屬於公主們的，而這也真是一種奇妙的緣分，不曉得是哪位公主掉了髮夾？」

公主們聽到了這件事，都在心裡想說：「是我掉的，是我掉的。」

可是頭上明明完整地別著一百個髮夾，所以都很懊惱，都說不出口。只有七公主走出來說：

「我掉了一個髮夾。」話才說完，一頭漂亮的長髮因為少了一個髮夾，全部披散了下來，王子不由得看呆了。

故事的結局，想當然的是王子與七公主從此一起過上幸福快樂的日子。

佛無處不在

有個年輕人離開了母親，來到深山，想要拜菩薩以修得正果。在路上，他向一名老和尚問路：「請問大師，哪裡有得道的菩薩？」

老和尚打量了一下年輕人，緩緩地說：「與其去找菩薩，還不如去找佛。」

智慧沙：

一百個髮夾，就像完美圓滿的人生。少了一個髮夾，這個圓滿就有了缺憾。正因缺憾，未來就有了無限的可能性。原來，缺憾也可以是一件值得高興的事。

年輕人頓時來了興趣，忙問：「請問哪裡有佛？」

老和尚說：「你現在就回家去，在路上有個人會披著衣服，反穿著鞋子來接你，那個人就是佛。」

年輕人拜謝了老和尚，啟程回家。路上他不停地留意著老和尚說的那個人，可是他已經快到家了，那個人也沒出現。年輕人又氣又悔，以為是老和尚欺騙了他。

等他回到家時，夜已經很深了，他灰心喪氣地伸手敲門。他的母親知道兒子回來了，急忙抓起衣服披在身上，連燈也來不及點著就去開門，慌亂中連鞋子都穿反了。年輕人看到母親狼狽的樣子，不禁熱淚盈眶，心裡也立刻覺悟了。

智慧沙：

珍惜你所擁有的，懷著一顆感恩的心生活，你便成了佛。珍惜你的家，帶著一顆惜福的心上路，你才會愈走愈扎實。因為，你的根扎在了大地上，扎進了泥土裡。

27 你今天心情不好嗎

別擔心，放輕鬆，要快樂！

——曼德拉精神矍鑠地生活到八十五歲的生活祕訣

很好，這是件好事

很久以前，有個國王非常信任自己手下一位充滿智慧的大臣。這位大臣的口頭禪是：「很好，這是件好事。」

有一天，國王在擦拭寶劍時，不小心將左手的小指頭割斷了，智慧大臣聞訊趕到皇宮。見到國王正在包紮鮮血淋漓的左手，智慧大臣的口頭禪又來了：「很好，這是件好事。」國王的傷口正疼得厲害，聞言頓時大怒，下令將他關進大牢。智慧大臣仍然說：「很好，這是件好事。」

幾個月後，國王到森林裡狩獵。國王著迷於追逐一隻羚羊，無意間竟然穿越了國界，進入了食人族的地盤。食人族將國王及隨從的大臣全都抓了起來。見到國王服飾華麗，巫師便決定用國王來獻祭。

正要舉行祭禮的時候，巫師突然發現國王的左手少了一根小指頭——根據食人族的規矩，肢體不健全的人是不能用來獻給祖先的。當下酋長大怒，將國王逐了出去。而那些跟隨的大臣，一

個也沒有活著回來。

九死一生的國王回到宮中，想起了智慧大臣的話，連忙下令將大臣從牢裡釋放出來。國王深覺從前智慧大臣所說的話頗有道理，就真誠地向他道歉。智慧大臣還是那句口頭禪：「很好，這是件好事。」

國王說：「你說我少了小指頭是件好事，我相信。但是我關了你這麼久，讓你受了這麼多苦，難道對你也是件好事？」智慧大臣笑著點點頭：「當然是件好事！如果我不是在牢裡，一定會陪您去打獵，那麼我今天就回不來了。」

智慧沙：

無論遇到什麼事情，只要保持積極的心態，一切都會苦盡甘來。每件事都有其兩面性的看法，是好，是壞，都在於你自己。

讓心情永遠十八歲

一次在聽來自香港美容師的美容講座時，那位語氣輕柔、滿臉笑容的美容師頗得大家的好感。在講座中，她提了這樣一個問題：「請在座的各位猜一下我的年齡？」室內氣氛頓時活躍了起來，有的說「三十二歲」，有的猜「二十八歲」，結果，統統被那位

美容師微笑著搖頭否認。

「現在，我來告訴大家，我只有十八歲零幾個月。」

室內譁然，繼而發出一片不信任的驚詫聲。

「至於這零幾個月是多少，請大家自己去衡量吧，也許是幾個月，也許是幾十個月，或者更多，但是我的心情只有十八歲！」美容師接著說。

原來她採用的是心情美容法！

智慧沙：

如果一個人的心情是憂鬱的，那麼再昂貴的化妝品也掩飾不住她的滿臉愁雲，再高超的美容師也無法撫平她緊鎖的眉頭。反之，心情是快樂的，即使是素顏，也會顯示出她的柔美和年輕。

把握好你心中的天氣

有位老太太生了兩個女兒，大女兒嫁給了雨傘店老闆，小女兒當上了洗衣作坊的女主管。每逢遇上下雨天，老太太就擔心洗衣作坊的衣服晾不乾；每逢遇上晴天，老太太就怕傘店的雨傘賣不出去。於是老太太整天憂心忡忡，日子過得十分憂鬱。

後來，一位聰明人告訴她：「老太太，您真是好福氣！下雨天，您大女兒家生意興隆；晴

天，您小女兒那兒顧客盈門。哪一天您都有好消息啊！」

智慧沙：

天還是老樣子，只是腦筋變了變，生活的色彩竟然煥然一新。你對事情的認知取決於你心中的天氣。

擔心不如寬心

小明洗澡時不小心吞下一小塊肥皂，他的媽媽慌慌張張地打電話向家庭醫生求助。醫生說：

「我現在還有幾個病人在，可能要半小時後才能趕去。」

小明的媽媽說：「在你來之前，我該做什麼？」

醫生說：「給小明喝一杯白開水，然後用力跳一跳，妳就可以讓小明用嘴巴吹泡泡消磨時間了。」

智慧沙：

放輕鬆，放輕鬆，生活何必太緊張。有些事，既然已經發生了，何不坦然自在地面對。有些事，擔心不如寬心，窮緊張不如窮開心。

學會收集快樂

他曾是日本最大零售集團八百伴的總裁。當他七十二歲時，突然遭到了致命的打擊——他苦心經營的集團倒閉了。一夜之間，他從一位國際知名企業家變成了一文不名的窮光蛋。有人以為他從此將一蹶不振，窮困潦倒餘生。可是出乎人們意料，他很快就調整了心態，又和幾個年輕人辦起了一家網路諮詢公司。

他成了商界的不倒翁，他的名字叫和田一夫。後來有人問和田一夫為什麼能這麼快就調整心態，他說他靠的是兩大祕訣：一個是光明日記；一個是快樂例會。

原來，和田一夫從二十歲開始，就堅持每天寫一篇日記，與眾不同的是，他只撿快樂的事情記，他把這種日記叫「光明日記」。此外，他每個月都要召集一次例會，要求所有與會者在談工作之前，必須用三分鐘時間向大家講述自己本月內最快樂的事情，他把這種例會叫「快樂例會」。

智慧沙：

快樂只鍾情於有心人——它常常散落於人生的每一天，生活中的每一個角落，稍不留意，就會與我們擦肩而過。所以，快樂也需要我們提著籃子去精心採擷、收集和積累。

有些事你不必太認真

話說孔子東遊，來到一個地方感覺腹中飢餓，就對弟子顏回說：「前面有一家飯館，你去討點飯來。」顏回就到飯館，說明來意。

那飯館的店主說：「要飯吃可以啊，不過我有個要求。」顏回忙道：「什麼要求？」店主回答：「我寫一字，你若認識，我就請你們師徒吃飯，若不認識，亂棍打出。」顏回微微一笑：「主人家，回我不才，可我也跟師傅多年。別說一字，就是一篇文章又有何難？」店主也微微一笑：「先別誇口，認完再說。」說罷，便拿筆寫了一個「真」字。

顏回哈哈大笑：「主人家，你也太欺我顏回無能了，我以為是什麼難認之字，此字我顏回五歲就認識。」店主微笑問：「此為何字？」顏回說：「是認真的『真』字。」店主冷笑一聲：「哼，無知之徒竟敢冒充孔老夫子門生，來人，亂棍打出。」

顏回就這樣回來見老師，說了經過。孔老夫子微微一笑：「看來他是要為師前去不可。」說罷來到店前，說明來意。那店主一樣寫下「真」字。孔老夫子答說：「此字念『直八』。」那店主笑道：「果真是夫子來到，請！」就這樣，吃完喝完不出一分錢走了。

事後，顏回問道：「老師，您不是教我們那字唸『真』嗎？什麼時候變『直八』了？」孔老夫子微微一笑：「有時候的事是認不得『真』啊！」

和蝸牛一起散步

智慧沙：

人生在世，難得糊塗。有些事情需要你認真，有些事情倒是不需要你認真。認真與否，全看對於問題的解決有無效果——結果需要你認真，你就得認真；結果不需要你認真，那認真又有何意義。

上帝交給麥克一個任務，叫他牽一隻蝸牛去散步。可是蝸牛爬得實在太慢了。麥克又是催促又是嚇唬又是責備，可蝸牛只是用抱歉的目光看著他，仿佛在說：我已經盡全力了！

麥克又氣又急，對蝸牛又拉又扯又踢，蝸牛受了傷，爬得愈來愈慢了。麥克真想丟下蝸牛不管，但又擔心沒法向上帝交代，只好耐著性子，讓蝸牛慢慢爬，自己則以一種接近靜止的速度跟在後面。

就在這個時候，麥克突然聞到了花香，原來這裡是個花園。接著，他聽見了鳥叫蟲鳴，感到微風拂面的舒適。後來，麥克還看到美麗的夕陽、燦爛的晚霞及滿天的星斗。麥克這才體會到上帝的巧妙用心：「祂不是叫我牽蝸牛去散步，而是叫蝸牛牽我去散步呀！」

智慧沙
精華典藏版

智慧沙：

偶爾和蝸牛一起散散步，你一定會發現許多平時沒有注意到的美麗。人生不能一味匆匆趕路，那會使你錯過很多東西。

體味捉蜻蜓的樂趣

一位富商，英年早逝。臨終前，見窗外的市民廣場上有一群孩子在捉蜻蜓，就對他四個未成年的兒子說：「你們到那兒給我捉幾隻蜻蜓來吧，我許多年沒見過蜻蜓了。」

不一會兒，大兒子就帶了一隻蜻蜓回來。富商問：「怎麼這麼快就捉了一隻？」大兒子說：「我用你給我的遙控賽車換的。」富商點點頭。

又過了一會兒，二兒子也回來了，他帶來兩隻蜻蜓。富商問：「你怎麼這麼快就捉了兩隻蜻蜓回來？」二兒子說：「我把你送給我的遙控賽車賣給了一位小朋友，他給我三分錢，這兩隻是我用二分錢向另一位有蜻蜓的小朋友買來的。爸，你看這是那多出來的一分錢。」富商微笑著點點頭。

不久，老三也回來了，他帶來十隻蜻蜓。富商問：「你怎麼捉那麼多的蜻蜓？」三兒子說：「我把你送給我的遙控賽車在廣場上舉起來，問，誰要玩賽車，要玩的只需繳交一隻蜻蜓就可以了。爸，要不是怕你著急，我至少可以收到十八隻蜻蜓。」富商拍了拍三兒子的頭。

282

最後回來的是老四。他滿頭大汗，兩手空空，衣服上沾滿了塵土。富商問：「孩子，你怎麼搞的？」四兒子說：「我捉了半天，也沒捉到一隻，就在地上玩賽車，要不是見哥哥們都回來了，說不定我的賽車能撞上一隻蜻蜓呢！」富商笑了，笑得滿眼是淚，他摸著四兒子掛滿汗珠的臉蛋，把他摟在了懷裡。

第二天，富商死了，他的孩子們在床頭發現一張小紙條，上面寫著：孩子，我並不需要蜻蜓，我需要的是你們捉蜻蜓的樂趣。

智慧沙：

錢當然可以買到蜻蜓，但買不到的是捉蜻蜓的樂趣。生命的樂趣在於結果還是過程？只有努力了才會知道。

不為生氣栽盆景

有個老人用很長的時間栽種盆景。一天要外出，他臨行前交代兒子一定要細心照顧好家裡的盆景。

在這期間，兒子總是精心照顧盆景。儘管這樣，花架還是在澆水時不小心被碰倒了，所有的盆景都打碎了。兒子因此非常害怕，他準備等父親回來後接受處罰。

老人回來知道此事，便叫來兒子。他不但沒有責備兒子，反而說：「我栽盆景是用來欣賞和美化家裡環境的，不是為了生氣。」

智慧沙：

盆景的得失，並不影響老人心中的悲喜。氣由心生。人生旅途中，只有平和順氣，才不會愚蠢地用別人的錯誤來懲罰自己。

錢不是整個世界

窮人躺在草地上曬太陽，富人走過來說：「你之所以這麼窮，都是因為你太懶了。你為什麼不能像別人一樣從早到晚地工作呢？」

窮人問：「為什麼要工作？」

「工作可以賺錢呀！」

「賺錢幹什麼？」

「賺錢就可以買房子、買車、買好看的衣服……」

「買那些東西幹什麼？」

「這樣你就可以無憂無慮地過悠閒的生活了。」

「可我現在過的就是無憂無慮的悠閒生活呀！」

智慧沙：

人生本應是豐富多彩的，但如果只是為了賺錢，往往會失掉太多；然而，不去工作，還自詡為過「悠閒」生活，恐怕也是「寄生」的。

28 打開你自己

相信，你就能看見。

——亞洲首富孫正義

功夫在詩外

一位著名的詩人最近思路打不開，怎麼也衝不出思想的牢籠，於是想到外面尋找靈感。

這一天，他到鄉間野外散步，陽光下，忽然遠遠看見一塊牌子掩映在樹林裡，上書四個大字特別醒目「陽光不鏽」。詩人當場呆住，心想，這是多麼有寓意的詞語，絕對不是一般人能夠想到的。於是，他非常想拜訪一下書寫這個精闢之極的詞語的高人。

等他走近這塊牌子，發現被樹叢擋住的那部分牌子寫著「鋼製品廠」。

智慧沙：

功夫有時在詩外。生活中的創意和靈感無處不在，就看我們在靈感來臨時怎麼把握了。

讓自己從車上下來

一家公司招聘職員時，有一道這樣的試題：

一個暴風雨的晚上，你開車經過一個車站，發現有三個人正苦苦地等待公車的到來：第一個是看上去瀕臨死亡的老婦；第二個是曾經挽救過你生命的醫生；第三個是你的夢中情人。你的汽車只容得下一位乘客，你選擇誰？

每個應聘者的回答都有自己的理由：選擇老婦，是因為她很快就會死去，我們應該挽救她的生命；選擇醫生，是因為他曾經救過我們的命，現在是我們報答他的最好機會；選擇夢中情人，是因為如果錯過這個機會，也許就永遠找不回她（他）了。

在兩百個應聘者中，最後被聘用的人的答案是什麼呢？

「我把車鑰匙交給醫生，讓他趕緊把老婦人送往醫院；而我則留下來，陪著我心愛的人一起等候公車的到來。」

將思想打開一公釐

美國有間生產牙膏的公司，產品優良，包裝精美，深受廣大消費者的喜愛，每年營業額蒸蒸日上。紀錄顯示，前十年每年的營業額增長率為一○～二○％，令董事會雀躍萬分。

不過，業績進入第十一年、第十二年及第十三年時，卻停滯下來，每個月維持同樣的數位。董事會對此業績感到不滿，便召開全國經理級高層會議，以商討對策。會議中，有名年輕經理站起來對董事會說：「我手中有張紙，紙裡有個建議，若您要使用我的建議，必須另付我五萬元！」

總裁聽了很生氣地說：「我每個月都支付你薪水，另有紅包、獎勵。現在叫你來開會討論，你還要另外要求五萬元，是否過分？」

「總裁先生，請別誤會。若我的建議行不通，您可以將它丟棄，一分錢也不必付。」年輕的經理解釋說。

「好！」總裁接過那張紙後，閱畢，馬上簽了一張五萬元支票給那名年輕經理。

那張紙上只寫了一句話：將現有的牙膏開口擴大一公釐。

總裁馬上下令更換新的包裝。

試想，每天早上，每個消費者多用一公釐的牙膏，每天牙膏的消費量將多出多少倍呢？這個決定，使該公司第十四個年頭的營業額增加了三十二％。

別把瘋子當呆子

一個心理學教授到精神病院參觀，瞭解精神病患者的生活狀態。一天下來，他覺得這些人瘋瘋癲癲，行事出人意料，可算大開眼界。想不到準備返回時，發現自己的車胎被人拿掉了。「一定是哪個瘋子幹的！」教授這樣憤憤地想，動手拿備胎準備裝上。

拿下車胎的人居然將螺絲也都卸了。沒有螺絲有備胎也上不去啊！教授一籌莫展。在他萬分著急之下，一個精神病患者蹦蹦跳跳地過來了，嘴裡唱著不知名的歡樂歌曲。他發現了困境中的教授，停下來問發生了什麼事。

教授懶得理他，但出於禮貌還是告訴了他。

精神病患者哈哈大笑說：「我有辦法！」他從每個輪胎上面卸了一個螺絲，這樣就拿到三個螺絲將備胎裝了上去。

教授感激之餘，大為好奇：「請問你是怎麼想到這個辦法的？」

精神病患者嘻嘻哈哈地笑道：「我是瘋子，可我不是呆子啊！」

強大來自於內心

一隻小老鼠總是愁眉苦臉，因為牠非常害怕貓。

天神非常同情牠的遭遇，便施法把牠變成一隻貓。

老鼠變的貓又非常怕狗，天神就把牠變成狗；但變成狗的牠又開始怕老虎，天神就讓牠做老虎，但做老虎的牠又整天害怕會遇上獵人。最後，天神只好把牠又變成老鼠，並說：「不論我怎麼做都幫不了你，因為你擁有的只是老鼠膽。」

智慧沙：

強大，來自於內心。披上外衣和封號的全是「紙老虎」。

智慧沙：

其實，世上有許多的人，由於他們發現了工作中的樂趣，總會表現出與常人不一樣的狂熱，而且讓人難以理解。許多人在笑話他們是瘋子的時候，別人說不定還在笑他呆子呢。

觀念變了才有希望

在夏日枯旱的非洲大陸上，一群飢渴的鱷魚身陷在水源快要斷絕的池塘中。較強壯的鱷魚開始追捕同類來吃。物競天擇、強者生存的一幕幕正在上演。這時，一隻瘦弱勇敢的小鱷魚起身離開了快要乾涸的水塘，邁向未知的大地。

乾旱持續著，池塘中的水愈來愈混濁、稀少，最強壯的鱷魚已經吃掉了不少同類，剩下的鱷魚將難逃被吞食的命運。這時，仍不見有別的鱷魚離開。在牠們看來，棲身在混水中等待遲早被吃掉的命運，似乎總比離開、走向完全不知在何處的水源還安全些。

池塘終於完全乾涸了，唯一剩下的大鱷魚也難耐飢渴而死。牠到死還守著牠殘暴的王國。

可是，那隻勇敢離開的小鱷魚，在經過長途的跋涉後，不但沒死在半路上，還幸運的在乾旱的大地上找到了一處水草豐美的綠洲。

智慧沙：

守舊無異於等死。改變觀念，到可以生存的地方尋找出路，就有了希望。陳舊的觀念如強壯的鱷魚那麼可怕，而新的觀念則是充滿希望的田野。

不要做被燙過的猴子

科學家將四隻猴子關在一間密閉房間裡，每天餵食很少食物，讓猴子餓得吱吱叫。幾天後，實驗者從房間上面的小洞放下一串香蕉，一隻餓得頭昏眼花的大猴子一個箭步衝向前，可是牠還沒拿到香蕉，就被預設機關所潑出的滾燙熱水燙得全身是傷，當後面三隻猴子依次爬上去拿香蕉時，一樣被熱水燙傷。於是眾猴子只好望「蕉」興嘆。

幾天後，實驗者換了一隻新猴子進入房內，當新猴子肚子餓得也想嘗試爬上去吃香蕉時，立刻被其他三隻老猴子制止，並告知有危險，千萬不可嘗試。實驗者再換一隻猴子進入房內，當這隻新猴子想吃香蕉時，有趣的事情發生了，這次不僅剩下的兩隻老猴子制止牠，連沒被燙過的半隻新猴子也極力阻止牠。

實驗繼續著，當所有猴子都已換過之後，沒有一隻猴子曾經被燙過，上頭的熱水機關也取消了，香蕉唾手可得，卻沒有一隻猴子敢前去享用。

智慧沙：
不要做被燙過就再也不敢去吃香蕉的猴子。太相信習慣和經驗，你就會故步自封。大膽去做，別怕犯錯。

292

你能成為什麼

有位王子，長得十分英俊，但卻是一個駝子，這個缺陷使他非常自卑。

有一天，國王請了全國最好的雕刻家，刻了一座王子的雕像。雕刻家刻出的雕像沒有駝背，背是直挺挺的。國王將此雕像豎立於王子的宮殿前。

當王子在宮門前看到這座雕像時，心中產生一種震撼。幾個月之後，百姓們說：「王子的駝背不像以往那麼嚴重了。」

當王子聽到這些話時，他內心受到了鼓舞。有一天，奇蹟出現了，當王子站立時，背是直挺挺的，與雕像一樣。

29 永遠不做大多數

所謂獨特的作家，不是說他從不模仿，而是說誰也無法模仿他。

——中國當代散文家賈平凹

敢於突破經驗

一次，一艘遠洋海輪不幸觸礁，沉沒在汪洋大海裡，倖存下來的九位船員拼死登上一座孤島，才得以存活下來。

但接下來的情形更糟，島上除了石頭還是石頭，沒有任何可以用來充饑的東西。更要命的是，在烈日的曝晒下，每個人口渴得冒煙，水成為最珍貴的東西。儘管四周是水——海水，可誰都知道，海水又苦又澀又鹹，根本不能用來解渴。現在，九個人唯一的生存希望是下雨或別的過往船隻發現他們。

等啊等，沒有任何下雨的跡象，天際除了海水還是一望無邊的海水，沒有任何船隻經過這個死寂的島嶼。漸漸地，已有八個船員支撐不下去，紛紛渴死在孤島。當最後一位船員快要渴死時，他實在忍受不住了，就撲進大海「咕嚕咕嚕」地喝了一肚子海水。

船員喝完海水，一點也感覺不出海水的苦澀味，相反地還覺得這海水又甘又甜，非常解渴。

也許這是自己渴死前的幻覺吧。他靜靜地躺在島上這樣想著，等著死神的降臨。當睡了一覺醒來，發現自己還活著時，船員非常奇怪，於是他每天就靠喝島邊的海水度日，終於等來了救援的船隻。

之後人們化驗海水才發現，這兒由於有地下泉水的不斷翻湧，海水實際上全是可口的泉水。

不破不立

在一次宴會上，一位客人對哥倫布說：「你發現了新大陸有什麼了不起，新大陸只不過是客觀的存在物，剛巧被你撞上了。」

哥倫布沒有和他爭論，而是拿出一顆雞蛋，讓他立在光滑的桌面上。

這位客人試來試去，無論如何也不能把雞蛋立起來，終於無能為力地住手了。

這時，只見哥倫布拿起雞蛋往桌面上一磕，下面的蛋殼破了，但雞蛋穩穩地立在了桌面上。

之後，哥倫布說了一句頗富哲理的話：「不破不立也是一種客觀存在，但有人就是發現不了。」

這才是真正的淘金人

兩個墨西哥人沿密西西比河淘金，到了一個河叉分了手，因為一個人認為阿肯色河可以淘到更多金子，一個人認為到俄亥俄河發財的機會更大。

十年後，到俄亥俄河的人果然發了財，在那兒他不僅找到大量的金沙，而且建了碼頭，修了公路，還使他落腳的地方成了一個大集鎮。現在俄亥俄河岸邊的匹茲堡市商業繁榮，工業發達，無不起因於他的拓荒和早期開發。

但進入阿肯色河的人似乎就沒有那麼幸運，自分手後就沒了音訊。有的說已經葬身魚腹，有的說已經回了墨西哥。直到五十年後，一個重三‧七公斤的自然金塊在匹茲堡引起轟動，人們才知道他的一些情況。

當時，匹茲堡《新聞週刊》的一位記者曾對這塊金子進行追蹤，他寫道：「這顆全美最大的金塊源自於阿肯色，是一位年輕人在他屋後的魚塘裡撿到的，從他祖父留下的日記看，這塊金子是他的祖父扔進去的。」

隨後，《新聞週刊》刊登了那位祖父的日記。其中一篇是這樣的：昨天，我在溪水裡又發現了一塊金子，比去年淘到的那塊更大，進城賣掉它嗎？那就會有成百上千的人湧向這兒，我和妻子親手用一根根圓木搭建的棚屋，揮灑汗水開墾的菜園和屋後的池塘，還有傍晚的火堆、忠誠的獵狗、美味的燉肉山雀、樹木、天空、草原，大自然贈給我們珍貴的靜逸和自由都將不復存在。我寧願看到它被扔進魚塘時濺起的水花，也不願眼睜睜地望著這一切從我眼前消失。

智慧沙：

一九六〇年代正是美國開始創造百萬富翁的年代，每個人都在瘋狂地追求金錢。可是，這位淘金者卻把淘到的金子扔掉了。這位淘金者才是一位真正的淘金人。

創造機會

英國和美國的兩家皮鞋工廠，各自派了一名推銷員到太平洋的某個島嶼去開闢市場。兩個推銷員到達後的第二天，各給自己的工廠拍回一封電報。

一封電報是：「這座島上沒有人穿鞋子，我明天搭第一班飛機回去。」

另一封電報是：「好極了，這個島上沒有一個人穿鞋子，我將駐在此地大力推銷。」

智慧沙：

聰明人創造的機會比他找到的多——任何人都能在商店裡看時裝，在博物館裡看歷史。但具有創造性的開拓者在五金店裡看歷史，在飛機場上看時裝。

不要變成別人的「複製品」

有一隻烏鴉很羨慕那些在屋頂籠子裡尋吃的白鴿。為了讓自己「躋身」白鴿群，牠便將黑羽毛染成白色，偷偷地混進白鴿群中。

那群白鴿都以為烏鴉是其同類，於是讓牠跟著一起吃。

有一天，烏鴉在吃食物時，發出了叫聲，身分終於暴露，被那群白鴿趕了出去。

在傷心之餘，烏鴉回到原來居住的地方，昔日與牠一起飛翔的烏鴉都認不得牠了。

「烏鴉怎會是白色的呢？」

牠又被這群烏鴉驅逐出族類。

最後，這隻烏鴉走投無路，投海自盡了。

298

泥濘的路才能留下腳印

鑒真和尚剛剛剃度遁入空門時，寺裡的住持讓他做了寺裡誰都不願做的行腳僧。

有一天，日已三竿，鑒真依舊大睡不起。住持很奇怪，推開鑒真的房門，見床邊堆了一大堆破破爛爛的芒鞋，於是叫醒鑒真問：「你今天不外出化緣，堆這麼一堆破芒鞋做什麼？」

鑒真打了個哈欠說：「別人一年一雙芒鞋都穿不破，我剛剃度一年多，就穿爛了這麼多的鞋子，我是不是該為廟裡節省些鞋子？」

住持一聽就明白了，微微一笑說：「昨天夜裡下了一場雨，你隨我到寺前的路上走走看吧。」

寺前是一座黃土坡，由於剛下過雨，路面泥濘不堪。

住持拍拍著鑒真的肩膀說：「你是願意做一天和尚撞一天鐘，還是想做一個能光大佛法的名僧？」

鑒真說：「我當然希望能做光大佛法的一代名僧。」

住持撚鬚一笑：「你昨天是否在這條路上走過？」

住持問：「你能找到自己的腳印嗎？」鑒真說：「當然。」

鑒真十分不解地說：「昨天這路又平又硬，小僧哪能找到自己的腳印？」

住持又笑笑說：「今天我倆在這路上走一遭，看能不能找到你的腳印？」

鑒真頓悟。

> **智慧沙：**
>
> 泥濘的路才能留下腳印。一生碌碌無為的人，就像一雙腳踩在又平又硬的大路上，腳步抬起，什麼也沒有留下。而那些經風沐雨的人，就像一雙腳行走在泥濘裡，他們走遠了，但腳印卻印證著行走的價值。

留個缺口給別人

一位著名企業家在作報告，一位聽眾問：「你在事業上取得了成功，請問對你來說，最重要的是什麼？」

企業家沒有直接回答，他拿起粉筆在黑板上畫了一個圈，只是並沒有畫圓滿，留下一個缺

口，反問道：「這是什麼？」

「零」、「圈」、「未完成的事業」、「成功」，台下的聽眾七嘴八舌地答道。

他對這些回答未置可否：「其實，這只是一個未畫完整的句號。你們問我為什麼會取得輝煌的業績，道理很簡單：我不會把事情做得很圓滿，就像畫個句號，一定要留個缺口，讓我的下屬去填滿它。」

> **智慧沙：**
>
> 留個缺口給他人，並不說明自己的能力不強。這是一種更高層次上帶有全局性的圓滿。給猴子一棵樹，讓牠不停地攀登；給老虎一座山，讓牠自由縱橫。這就是人性化的最高境界。

為自己創造機會

春秋時期，楚王請了很多臣子來喝酒吃飯，席間歌舞妙曼，美酒佳餚，燭光搖曳。同時，楚王還命令兩位他最寵愛的美人許姬和麥姬輪流向臣子們敬酒。

忽然一陣狂風颳來，吹滅了所有蠟燭，漆黑一片，席上一位官員便乘機揩油親澤，摸了許姬的玉手。許姬一甩手，扯了他的帽帶，匆匆回到座位上對楚王說：「剛才有人乘機調戲我，我扯斷了他的帽帶，你快叫人點起蠟燭來，看誰沒有帽帶，就知道是誰了。」

精華典藏版

楚王聽了，連忙命令手下先不要點燃蠟燭，卻大聲向各位臣子說：「我今天晚上，一定要與各位一醉方休，來，大家都把帽子脫了痛快飲一場。」

眾人都沒有戴帽子，也就看不出是誰的帽帶斷了。後來楚王攻打鄭國，有一位猛將獨自率領幾百人，為三軍開路，過關斬將，直通鄭國的首都。此人就是當年摸許姬手的那一位。他因楚王施恩於他，而發誓畢生效忠於楚王。

智慧沙：
人非聖賢，孰能無過。很多時候，我們都需要寬容。寬容不僅是給別人機會，更是為自己創造機會。

向你的敵人敬杯酒

康熙大帝在位執政六十年之際，特舉行「千叟宴」以示慶賀。

宴會上，康熙敬了三杯酒：

第一杯敬孝莊太皇太后，感謝孝莊輔佐他登上皇位，一統江山。

第二杯敬眾位大臣及天下萬民，感謝眾臣齊心協力盡忠朝廷，萬民俯首農桑，天下昌盛。

當康熙端起第三杯酒時，說：「這杯酒敬我的敵人，吳三桂、葛爾丹還有鰲拜。」

眾臣目瞪口呆，康熙接著說：「是他們逼著朕建立了豐功偉績，沒有他們，就沒有今天的朕，朕感謝他們。」

智慧沙：

對手總會給你帶來壓力，逼迫你努力投入「鬥爭」中，並想辦法成為勝利者。你的敵人是你前進的動力，在與對手的對抗中，才能真正地磨練自己。一個人身價的高低，就看他的對手。

30 每天擁抱死亡

我祈禱：「我死時雖然很老，但看起來仍然傻氣和熱情。」

——英國詩人濟慈

每個日子可能都是末日

在一個偏遠、封閉的小鎮只能聽到兩個電台：第一電台專門廣播名人消息、CALL IN 節目，或是熱門歌曲排行榜，它的收聽率相當高；第二電台則是氣象專業電台，它的聽眾只有一小群人。

一天晚上，氣象電台發出緊急警告：一場威力驚人的「龍捲風」將在午夜來襲本鎮，電台呼籲鎮民立即疏散他處。這一小群聽眾立刻集結起來，有的去找鎮長，有的到街上敲鑼打鼓，有的打電話給第一電台，請求播出龍捲風消息，好保存身家性命。

鎮長說：「本鎮從未有過龍捲風，龍捲風的消息是氣象電台誤報或捏造，為的是提高收聽率。」敲鑼打鼓的人則被視為瘋子。而第一電台則以現場正在訪問名人為由，不肯插播這一條「生死存亡」的消息。

一天後，小鎮就被一場惡魔般的「龍捲風」夷為平地——後來者沒有人知道這塊地曾經是一

個小鎮。

世界末日你在做什麼

一份新創刊的《漫畫週刊》，為了盡快提升讀者對刊物的熱情和發行量，經過一番策劃之後，推出了一項「徵畫活動」：要求應徵作品以《世界的最後時刻》為題，表現主題是在世界即將毀滅的最後時刻，你或你的親人們會做些什麼。

在限定的日期內，來自世界各地的作品堆積如山。為了獲取高額獎金，所有的應徵者都將想像力發揮到了極致：在世界的最後時刻情侶緊緊抱在一起，一邊喝酒一邊接吻；在最後時刻將鈔票堆在大街上燃燒；在最後時刻坐上太空船逃離地球……

但最後獲得十萬美元的，是一位家庭主婦用鉛筆在一張包裝紙上畫的漫畫：她在廚房洗完碗筷後，伸手關緊水龍頭開關，丈夫則坐在餐桌旁的地板上，看著兩個小男孩玩積木……

評審們對這看似平常的作品的評語是：我們震驚於這一家的平靜。他們理解了世界存在的意

義和人們的最高追求。

只有今天屬於你

有個富翁對自己窖藏的葡萄酒非常自豪。窖裡保留著一罈只有他知道、某種場合才能喝的陳酒。

一天，州府的總督登門拜訪。富翁提醒自己：「這罈酒不能僅僅為一個總督啟封。」又一天，地區主教來看他，他自忖道：「不，不能開啟那罈酒。他不懂這種酒的價值，酒香也飄不進他的鼻孔。」後來，王子來訪，和他同進晚餐，他也想：「區區一個王子喝這種酒過分奢侈了。」甚至在他兒子結婚那天，他還對自己說：「不行，接待這種客人，不能抬出這罈酒。」

許多年後，富翁死了，像花的種子一樣被埋進了地裡。下葬那天，陳酒罈和其他酒罈一起被搬了出來，左鄰右舍的農夫把酒統統喝光了。誰也不知道這罈陳年老酒的久遠歷史。對他們來說，所有倒進酒杯裡的僅是酒而已。

讀懂上帝的三封信

一位老先生因為心肌梗塞而死，他向上帝大發牢騷說：「上帝啊！你叫我回來，我一點也不埋怨你。但是為什麼在召我回來之前，不先通知我一聲？叫我作好心理準備，對子女也有個交代，你讓我完全措手不及。」

上帝溫柔地回答說：「我曾寫了三封信給你，提醒你預備好回老家呀！」

老人驚訝地說：「沒有啊！我怎麼沒收到呢？」

上帝說：「第一封信是讓你腰痠背痛；第二封信是讓你的頭髮開始斑白；第三封信是使你的牙齒逐漸脫落。這些都是提醒你快回老家的信號啊！」

什麼是最好的醫生

一個年過半百的人身患絕症，四處求醫，卻未見效。一個智者告訴他：「你這種病有人能治，但你必須四方吟遊，才能引他露面。」於是這個人開始流浪，四處吟唱，唱給富人、窮人、病人、孩子聽。

數十年過去了，他從壯年變成老年，成了著名的吟遊歌手，他的歌治癒了許多人的頑症，而他卻渾然不知，一年一年過了百歲。一天，一個路人問他為什麼唱得如此動聽，老人回答：「為了找一個神醫治我的絕症，咳，唱了五十多年，可他還沒露面。我這病真不知道該怎麼辦？」

那人說：「巧了，我就是醫生。」於是路人便為老人做了全面檢查。檢查完後，路人笑著對老人說：「你說你都一百多歲了，可身體還這麼硬朗，哪有什麼病啊？」

「難道那個智者騙我不成？」老翁顧不上多想，興奮地高喊：「我的病好了，不用再唱了，不用找那個醫生了！」

誰知，第二天老人就死了。

永遠只吃七分飽

養鳥的人捕了許多鳥，關在鳥籠裡，天天觀察，定時餵食。鳥尾巴毛長了，他就將它剪短，並且每天挑出比較胖的鳥，送到廚房做菜肴。

有一隻鳥，在籠子裡思忖著：「要是我吃多了，一長肥就得去送死；要是不吃，也得活活餓死。我應該自己計算食量，少吃一些，既能少長肉，又能使羽毛長得光滑，然後從籠裡逃出去。」

牠按自己的想法，減少食量，結果身子又瘦又小，羽毛又光滑，終於實現願望，逃了出去。

智慧沙：

永遠只吃七分飽，拒絕過安逸和平庸的日子。只有在拼搏和經受考驗中，才能找到快樂的果實。

智慧沙：

歌唱、給予，在尋找中不停地到達，這就是最好的醫生，死亡之神的腳步就近了。生命只有一次，去尋找生命的快樂，才是生命的意義。而停止這一切，死亡之神的腳步就近了。生命只有一次，去尋找生命的快樂，才是生命的意義。

每週到墓地走一趟

曾有一位醫生替一位著名的實業家診療，醫生勸實業家多多休息，實業家卻憤怒地抗議：

「醫生，你知道嗎？我每天都得提著一個沉重的手提包回家，裡面裝的是滿滿的文件呀！」

「為什麼晚上還要批那麼多文件呢？」醫生很詫異地問道。

「那些都是當天必須處理的急件。」實業家不耐煩地回答。

「難道沒有人可以幫你忙嗎？你的助手、副總呢？」

「不行啊！這些文件只有我才能作批示呀！而且我還必須盡快處理。」實業家一副無奈的樣子。

「這樣吧，我現在給你開個處方，你能否照辦？」醫生沒有理會實業家，自顧自地問。

實業家接過處方，上面寫著：每個星期抽空到墓地走一趟，每天悠閒地散步兩小時。

「每個星期抽空到墓地走一趟？這是什麼意思？」實業家看到處方很驚訝。

醫生不慌不忙地回答：「我希望你到墓地走一走，看看那些與世長辭的人的墓碑。他們當中有很多人生前與你一樣，甚至事業做得比你更大；他們當中也有許多人跟你現在一樣，什麼事都放心不下。如今他們全都長眠於黃土之中，然而整個世界仍然好好的。我建議你每個星期站在墓碑前好好想想這些擺在你面前的事實，你也許會有所解脫。」

實業家安靜了下來，與醫生道別。他按照醫生的指示，放慢生活的步調，試著慢慢轉移一部

信念使得世界永存

當一場地震來臨時，有三個農夫正在羊圈旁的窯洞裡守衛著羊群。在地動山搖的那一刻，他們立刻感到一場災難已經來到，首先是離門口最近的那個農夫開始向外面逃竄，然後是第二個，第三個。但是，當第一個、第二個農夫連續被轟然倒塌的土牆壓倒時，第三個農夫連同厚厚的土同時壓在了第二個農夫身上。

第三個農夫是幸運的，僅有的一點稀薄的空氣使他的生命得到了短暫的延續。但是，那點空氣顯然不能使他維持多久，於是他在死亡的邊緣上開始了艱難的掙扎。

在黑暗、絕望的世界裡，始終有一種堅強的信念支撐著他，他以為第一個農夫一定能成功地逃生並且很快會喊來救難人員，所以他一定能活下來。因此，他奮力地掙扎，不斷地用雙手刨著土。

沒必要把自己搞得緊緊張張的，什麼事都自己扛。雖說正常的緊張可以讓你高效率、富有創造性地工作，但我們如果能夠學會控制緊張，張弛有度，那未嘗不是一件好事，或許還會有意想不到的效果。

分權力和職責。一年後，讓他想不到的是，企業業績比以往任何一年都好。

就這樣，十幾個鐘頭過去了，就在他已經奄奄一息時，終於聽到了救難人員的聲音，但他已經沒有喊叫的力氣了。就在被挖出來的那一刻，他徹底失去了知覺，但最終他還是成功地活了下來。

> **智慧沙：**
>
> 在那樣稀薄的空氣中，能夠存活下來簡直就是個奇蹟。信念是支撐生命的力量！如果不是那個信念，這位活下來的農夫肯定不會堅持那麼久；如果他放棄了生存的希望，也可能早就被死亡魔鬼拉到另一個世界去了。

比金子還貴重的東西

在非洲一片茂密的叢林裡走著四個皮包骨的男子，他們扛著一只沉重的箱子，在叢林裡跟跟蹌蹌地前行。

這四個人是：巴里、麥克里斯、約翰斯、吉姆，他們是跟隨隊長馬克格夫進入叢林探險的。

馬克格夫曾答應給他們優厚的工資，但是在任務即將完成時，馬克格夫不幸得病而長眠在叢林中。

這只箱子是馬克格夫臨死前親手製作的。他十分誠懇地對四人說道：「我要你們向我保證，

一步也不離開這只箱子。如果你們把箱子送到我朋友麥克唐納教授手裡，你們將分得比金子還要貴重的東西。我想你們會送到的，我也向你們保證，比金子還要貴重的東西，你們一定能得到。」

埋葬了馬克格夫以後，這四個人就上路了。但密林的路愈來愈難走，箱子也愈來愈沉重，而他們的力氣也愈來愈小了。他們像囚犯一樣在泥潭中掙扎著。一切都像噩夢，只有這只箱子是實在的，是這只箱子在撐著他們的身軀！否則他們全倒下了。他們互相監視著，不准任何人單獨亂動這只箱子。在最艱難的時候，他們想到了未來的報酬是多少，當然，有了比金子還貴重的東西……

終於有一天，綠色的屏障突然拉開，他們經過千辛萬苦終於走出了叢林。四個人急忙找到麥克唐納教授，迫不及待地問起應得的報酬。教授似乎沒聽懂，只是無可奈何地把手一攤，說道：

「我是一無所有啊，喔，或許箱子裡有什麼寶貝吧。」於是當著四個人的面，教授打開了箱子，

大家一看，都傻了眼，滿滿一堆無用的木頭！

「這開的是什麼玩笑？」約翰斯說。

「屁錢都不值，我早就看出那傢伙有神經病！」吉姆吼道。

「比金子還貴重的報酬在哪裡？我們上當了！」麥克里斯憤怒地嚷著。

此刻，只有巴里一聲不吭，他想起了他們剛走出的密林裡，到處是一堆堆探險者的白骨，他想起了如果沒有這只箱子，他們四人或許早就倒下去了……於是，巴里站起來，對夥伴們大聲說

道：「你們不要再抱怨了。我們得到了比金子還貴重的東西，那就是生命！」

人生中有些目標最終都無法實現，但至少它們曾經激勵和支撐了我們的一段生活，這就值得感謝。現代一些人的無聊、厭世、缺少激情，其病根大都在於目的的喪失。說到底，我們還得有所追求才好。

列一張生命的清單

耳鼻喉科病房裡同時住進來兩位病人，都是鼻子不舒服。在等待化驗結果期間，甲說，如果是癌，立即去旅行，他首先要去拉薩。乙也同樣如此表示。結果，甲得的是鼻癌，乙長的是鼻息肉。

甲列了一張告別人生的計畫表離開了醫院，乙住了下來。甲的計畫表是：去一趟拉薩和敦煌；從攀枝花坐船一直到長江口；到海南的三亞以椰子樹為背景拍一張照片；在哈爾濱過一個冬天；從大連坐船到廣西的北海；登上天安門；讀完莎士比亞的所有作品；力爭聽一次瞎子阿炳原版的《二泉映月》；寫一本書。凡此種種，共二十七條。

他在這張生命的清單後面這麼寫道：我的一生有很多夢想，有的實現了，有的由於種種原因沒有實現。現在上帝給我的時間不多了，為了不遺憾地離開這個世界，我打算用生命的最後幾年

314

去實現還剩下的這二十七個夢想。

當天，甲就辭掉了公司的職務，去了拉薩和敦煌。第二年，又以驚人的毅力和韌性通過了大學學測。這期間，他登上過天安門，遊覽過內蒙古大草原，還在一戶牧民家裡住了一個星期。現在他正在實現出一本書的夙願。

有一天，乙在報上看到甲寫的一篇散文，打電話去問甲的病。甲說：「我真的無法想像，要不是這場病，我的生命該是多麼的糟糕。是它提醒了我，去做自己想做的事，去實現自己想實現的夢想。現在我才體會到什麼是真正的生命和人生。想必你也過得不錯吧！」乙沒有回答。因為在醫院時說要去拉薩和敦煌的事，他早已因患的不是癌症而拋諸腦後了。

如此把玩生命

他出生於義大利，青年時來到美國學習變戲法，成為世界知名的藝人。終於他決定退休，渴

智慧沙：

在這個世界上，其實每個人都患有一種癌症，那就是不可抗拒的死亡。正因為我們認為自己還會活得更久——這一點量上的差別，使我們的生命有了質的不同：有人把夢想變成了現實；有人把夢想帶進了墳墓。

望返回家鄉定居。他帶著所有財產，買了返回義大利的船票，然後用所有剩餘的金錢買了一顆鑽石，藏在艙房裡。

登船後，他向一位男孩表演如何能同時拋耍幾個蘋果。不久，一批觀眾聚攏過來，此刻的成就使他非常得意，他跑回艙房拿出他的鑽石，向觀眾解釋說這是他畢生的積蓄，然後開始拋耍那鑽石。不久，他的表演愈來愈驚險。

他把鑽石丟得極高，觀眾皆屏息以待。眾人知道鑽石的價值，都求他不要再那樣做。但由於當時的刺激，他再次把鑽石丟得更高。觀眾再次屏息，然後在他接住鑽石時鬆了一口氣。

他對自己和自己的能力充滿信心，他告訴觀眾他將再丟一次，這次他將把鑽石拋到一個新的高度，甚至將暫時從眾人眼前消失。觀眾再次求他不要那樣做。但他憑著多年經驗產生的自信，把鑽石高高拋向空中。鑽石果真消失了一會兒，然後又在陽光照耀下發出了閃爍的光芒。

只是突然間，船隻傾斜了一下，鑽石竟掉入海中，從此消失得無影無蹤。

智慧沙：

我們有時也會如此把玩自己的生命。往往旁觀者明白靈魂的寶貴，要求我們不要冒險，我們仍會繼續把玩，因為我們太相信自己的能力、經驗——我們不知道生命之船何時將傾斜，我們會因此永遠失去機會。

與死亡有個約會

有位富有的巴格達商人派僕人去市場。在市場上，人群中有人推擠了僕人一下，他回頭一看，原來是一個身披黑長袍的老婦人，他知道那是「死亡」。

僕人趕忙跑回去，一面發抖，一面向主人述說方才的遭遇，以及「死亡」怎樣用奇特的眼神看著他，並露出威脅的表情。

僕人乞求主人借他一匹馬，好讓他騎到撒瑪拉，免得「死亡」找到他。主人同意，於是僕人立刻上馬疾馳而去。

商人稍晚到市場，看見「死亡」就站在附近。商人說：「你為什麼作出威脅的神情，恐嚇我的僕人。」

「那不是威脅的神情，」「死亡」說：「我只是很稀奇會在巴格達看見他，我們明明約好今晚在撒瑪拉碰面的！」

智慧沙：

生老病死，是生命成長的必然規律。逃避也許更會弄巧成拙，畢竟誰也沒有辦法預測這些。

活在當下，別太在意死亡——好好活著才是你要做好的事。

智慧沙【精華典藏版】

作　　　者	韓　冰
發　行　人	林敬彬
主　　　編	楊安瑜
編　　　輯	李彥蓉
內 頁 編 排	于長煦
封 面 設 計	劉秋筑

出　　　版　大都會文化事業有限公司　行政院新聞局北市業字第89號
發　　　行　大都會文化事業有限公司
11051台北市信義區基隆路一段432號4樓之9
讀者服務專線：(02)27235216
讀者服務傳真：(02)27235220
電子郵件信箱：metro@ms21.hinet.net
網　　　址：www.metrobook.com.tw

郵 政 劃 撥　14050529 大都會文化事業有限公司
出 版 日 期　2011年2月初版一刷
定　　　價　250元
I S B N　978-986-6152-11-5
書　　　號　Growth-039

Chinese (complex) copyright © 2011 by Metropolitan Culture Enterprise Co., Ltd.
4F-9, Double Hero Bldg., 432, Keelung Rd., Sec. 1,
Taipei 11051, Taiwan
Tel:+886-2-2723-5216　Fax:+886-2-2723-5220
Web-site:www.metrobook.com.tw
E-mail:metro@ms21.hinet.net

國家圖書館出版品預行編目資料

智慧沙【精華典藏版】/ 韓冰著. -- 修訂初版. -- 臺
北市：大都會文化, 2011. 2
面；　公分. -- (Growth ; 039)

ISBN 978-986-6152-11-5 (平裝)

1.生活指導　2.成功法

177.2　　　　　　　　　　　　　　99026375

大都會文化　讀者服務卡

書名：**智慧沙【精華典藏版】**

謝謝您選擇了這本書！期待您的支持與建議，讓我們能有更多聯繫與互動的機會。

A. 您在何時購得本書：＿＿＿＿年＿＿＿＿月＿＿＿＿日

B. 您在何處購得本書：＿＿＿＿＿＿＿＿書店，位於＿＿＿＿＿＿＿(市、縣)

C. 您從哪裡得知本書的消息：

　　1.□書店　　2.□報章雜誌　3.□電台活動　　4.□網路資訊

　　5.□書籤宣傳品等　6.□親友介紹　7.□書評　8.□其他

D. 您購買本書的動機：（可複選）

　　1.□對主題或內容感興趣　2.□工作需要　3.□生活需要

　　4.□自我進修　5.□內容為流行熱門話題　6.□其他

E. 您最喜歡本書的：（可複選）

　　1.□內容題材　2.□字體大小　3.□翻譯文筆　4.□封面　5.□編排方式　6.□其他

F. 您認為本書的封面：1.□非常出色　2.□普通　3.□毫不起眼　4.□其他

G. 您認為本書的編排：1.□非常出色　2.□普通　3.□毫不起眼　4.□其他

H. 您通常以哪些方式購書：(可複選)

　　1.□逛書店　2.□書展　3.□劃撥郵購　4.□團體訂購　5.□網路購書　6.□其他

I. 您希望我們出版哪類書籍：（可複選）

　　1.□旅遊　2.□流行文化　3.□生活休閒　4.□美容保養　5.□散文小品

　　6.□科學新知　7.□藝術音樂　8.□致富理財　9.□工商企管　10.□科幻推理

　　11.□史哲類　12.□勵志傳記　13.□電影小說　14.□語言學習（＿＿＿＿語）

　　15.□幽默諧趣　16.□其他

J. 您對本書(系)的建議：

＿＿＿

K. 您對本出版社的建議：

＿＿＿

讀者小檔案

姓名：＿＿＿＿＿＿＿＿　性別：□男　□女　生日：＿＿＿年＿＿＿月＿＿＿日

年齡：□20歲以下 □21～30歲 □31～40歲　□41～50歲 □51歲以上

職業：1.□學生 2.□軍公教 3.□大眾傳播 4.□服務業 5.□金融業 6.□製造業

　　　7.□資訊業 8.□自由業 9.□家管 10.□退休 11.□其他

學歷：□國小或以下 □國中 □高中／高職 □大學／大專 □研究所以上

通訊地址：＿＿＿＿＿＿＿＿＿＿＿＿＿＿＿＿＿＿＿＿＿＿＿＿＿＿＿＿＿＿

電話：（H）＿＿＿＿＿＿＿＿＿　（O）＿＿＿＿＿＿＿＿＿　傳真：＿＿＿＿＿＿＿＿

行動電話：＿＿＿＿＿＿＿＿＿＿＿　E-Mail：＿＿＿＿＿＿＿＿＿＿＿＿＿＿＿＿

◎謝謝您購買本書，也歡迎您加入我們的會員，請上大都會文化網站 www.metrobook.com.tw
登錄您的資料。您將不定期收到最新圖書優惠資訊和電子報。

智慧沙
精華典藏版

北 區 郵 政 管 理 局
登記證北台字第9125號
免 貼 郵 票

大都會文化事業有限公司

讀 者 服 務 部 　　 收

11051台北市基隆路一段432號4樓之9

寄回這張服務卡〔免貼郵票〕

您可以：

◎不定期收到最新出版訊息

◎參加各項回饋優惠活動